Monika Gruhl

Resilienz für Lehrerinnen und Lehrer

Monika Gruhl

Resilienz
für Lehrerinnen und Lehrer

Kraft für die Schule und für mich

KREUZ

MIX
Papier aus verantwor-
tungsvollen Quellen
FSC® C106847

© KREUZ VERLAG
in der Verlag Herder GmbH, Freiburg im Breisgau 2014
Alle Rechte vorbehalten
www.kreuz-verlag.de

Umschlaggestaltung: Vogelsang Design
Umschlagmotiv: © shutterstock.com – Zadorozhnyi Viktor
Autorinnenfoto: © privat

Satz: de·te·pe, Aalen
Herstellung: fgb · freiburger graphische betriebe
www.fgb.de

Printed in Germany

ISBN 978-3-451-61220-6

*Der Lehrer gibt nicht von seiner Weisheit, sondern er
gibt von seinem Vertrauen und von seiner Liebe.
Wenn er wahrhaft weise ist, heißt er euch nicht das
Haus seiner eigenen Weisheit betreten, sondern er führt
euch an die Schwelle eures eigenen Geistes.*
Khalil Gibran, Der Prophet

Für alle Lehrenden, die mit unerschütterlicher Geduld
und Zuversicht Lernprozesse initiieren und begleiten.

Für alle meine (Lebens-)Lehrer/innen,
denen ich Wissen und Bildung verdanke,

und ganz besonders für Wolfgang,
der Lehrer aus Überzeugung und Berufung ist.

Inhalt

Einleitung

Der Mikrokosmos Schule ist gleichzeitig ein Produkt und ein Spiegel der Gesellschaft. Wie diese ist er gekennzeichnet durch massive Veränderungen und Widersprüchlichkeiten. In vielen Schulklassen sitzen überbehütete Kinder neben emotional vernachlässigten. Verhaltensauffälligkeiten von Kindern und Jugendlichen scheinen sich zu mehren und zu verschärfen, während gleichzeitig die Budgets für entsprechende Projekte und Förderungsmöglichkeiten drastisch sinken. Auf der einen Seite werden händeringend Facharbeiter gesucht und aus der Not heraus Menschen mit sehr geringer Qualifikation eingestellt, an anderer Stelle wird schon von Berufseinsteigern ein mehrmonatiger Auslandsaufenthalt und Mehrsprachigkeit sowie uneingeschränkte Mobilität und Verfügbarkeit erwartet. Im Spannungsfeld dieser unterschiedlichen und oft gegensätzlichen Tendenzen und Positionen suchen Menschen Orientierung und Sicherheiten. Verunsichert durch ständige – häufig generell zu Verschlechterungen erklärte – Veränderungen blicken viele trotz materieller Versorgung besorgt in die Zukunft. Sie versuchen, sich und ihren Kindern ein Stück vom Kuchen zu sichern. Damit das gelingt, muss scheinbar jede Chance für gute berufliche Positionen und Karrieren um jeden Preis ergriffen und genutzt werden. Der Schulabschluss mit möglichst guten Noten steht im Vordergrund, Inhalte und Prozesse rücken in den Hintergrund. Vielen geht es nur noch darum, bescheinigte Qualifikationen zu sammeln, weil dies vermeintlich zu Prestige und Zukunftssicherung führt. Andere haben es längst aufgegeben, sich oder ihren Kindern einen angemessenen Platz zu erobern. Sie können oder wollen ihre elterliche Verantwortung nicht wahrnehmen und überlassen es anderen, ihren Kindern Wege in eine gute Zukunft zu bahnen.

In dieser allgemein verunsichernden Situation brauchen wir Lehrende, die den Wert von ganzheitlichen Lernprozessen vertreten, die Wissen und Bildung als Teil der Persönlichkeitsbildung verstehen und dies auch anderen verständlich machen. Lehrende, die begeistert sind und begeistern können für die von ihnen vermittelten Inhalte und Kompetenzen. Genau dazu fehlt aber vielen Lehrern die Kraft. Sie fühlen sich hin- und hergerissen zwischen Ansprüchen an die Schule und an sie selbst und zwischen ihren eigenen Vorstellungen und Erwartungen, die nicht erfüllbar zu sein scheinen. Ihre Freude am pädagogischen Wirken und ihre Begeisterung drohen gänzlich auf der Strecke zu bleiben oder sind es schon längst. Mit großer Anstrengung überstehen sie die Zeit von Ferien zu Ferien. Schule erfordert nicht nur ihren ganzen Einsatz, sondern scheint häufig über ihre Kräfte zu gehen. Die daraus resultierende Verausgabung führt auf Dauer zu Dünnhäutigkeit, Gereiztheit oder Zynismus und letzten Endes zu Überforderungsreaktionen wie Erschöpfung, psychosomatischen Erkrankungen oder Burnout – auch in diesen Punkten spiegelt sich die berufliche, gesellschaftliche und private Lebenswirklichkeit im Gesamtsystem Schule wider.

Daneben gibt es aber nach wie vor auch Lehrpersonen – jüngere wie ältere –, die ihren Unterricht nicht nur bewältigen, sondern mit Schwung und Begeisterung gestalten (und davon auch wieder selbst profitieren). Sie lassen sich von unliebsamen administrativen »Nebenaufgaben« nicht unterkriegen und sind froh und dankbar, dass sie ihren selbst gewählten Beruf ausüben können. Sie haben eine differenzierte Wahrnehmung sowohl für andere als auch für sich selbst. Bei allem Engagement akzeptieren sie ihre Grenzen und berücksichtigen ihre eigene Bedürftigkeit. Indem sie das tun, gewinnen sie gleichzeitig selbst Lebensfreude, Dankbarkeit und Sinnhaftigkeit.

→ *Würden Sie gerne (wieder) mit einer derartigen Haltung in und durch die Schule gehen?*

→ *Wollen Sie (wieder oder mehr) Freude an Ihrem wichtigen Beruf empfinden?*

→ *Suchen Sie nach Ansatzpunkten, wie Sie die entsprechenden Verhaltensweisen ausprägen und festigen können?*

Dann könnte dieses Buch genau das Richtige für Sie sein. Es handelt davon, was die einzelnen Resilienzaspekte für Menschen bedeuten, die andere unterrichten, erziehen und begleiten. Auf der Grundlage des im Resilienzzentrum entwickelten dynamischen Resilienzkonzeptes möchte es Ihnen eine Brücke bauen vom grundlegenden Verständnis der tragenden Kräfte bis zur konkreten Wirkung in einzelnen Aktivitäten Ihres Alltags. Das komprimierte Wissen und die anschaulichen Beispiele lassen sich auch nach einem arbeitsreichen Schultag noch aufnehmen. Dazu gibt es konkrete Anregungen und Impulse, die Sie schnell auf Ihre individuelle Situation übertragen und abwandeln können und die es ermöglichen, in einem überschaubaren Zeitraum eine Schieflage der Resilienzfaktoren zu korrigieren oder zu mildern.

Vor dem Hintergrund meiner Arbeit als Trainerin und Coach sowie als Initiatorin und Mitbegründerin des Resilienzzentrums (www.resilienzzentrum.de) habe ich mit meinen Kollegen Anregungen, Übungen und Interventionen entwickelt, um (Über-)Lebenskräfte und -fähigkeiten bei Erwachsenen zu fördern und zu erweitern. Aus vielen Übungen lassen sich schrittweise auch »im Alleingang« wirksame Strategien für konkrete Schwierigkeiten und Lebensaufgaben ableiten. Andere eignen sich vor allem dazu, sich die eigenen Bewältigungsstrategien grundsätzlich bewusst zu machen, sie zu erweitern und zu stärken. Sie selbst entscheiden, was Sie damit anfangen.

An dieser Stelle bedanke ich mich bei allen, die ihre Erfahrungen teilen und mitteilen, Lehrpersonen, Seminarteilnehmer und Coaching-Klienten, Kollegen, Bekannte und Freunde. Sie alle leisten einen Beitrag zu dem, was ich einbeziehen und weitergeben kann. So fließen Geschichten und Fragestellungen vieler teilnehmender und befragter Personen mit ein, doch beschreiben die Fallbeispiele keine real existierenden Personen. Sie sind aus vielen in der Wirklichkeit vorhandenen Facetten zusammengesetzt und damit gleichzeitig fiktiv und authentisch. Liebe Leserinnen, bitte fühlen Sie sich auch angesprochen, wenn ich überwiegend die männliche Form verwende. Der einzige Grund dafür ist die bessere Lesbarkeit und sprachliche Einheitlichkeit.

Monika Gruhl

Resilienz als Strategie zur Lebensgestaltung

Die Entdeckung der Resilienz

Die Resilienzforschung ist noch jung. 1955 startete die amerikanische Psychologin Emmy Werner zusammen mit ihrer Kollegin Ruth Smith eine Langzeitstudie über 40 Jahre auf der hawaiianischen Insel Kauai. Sie beobachteten knapp 700 Kinder, deren familiärer Hintergrund eine Vielzahl von Risikofaktoren für gutes Gedeihen aufwies, zum Beispiel Gewalt in der Familie, Armut, niedriger Bildungsstand und weitere. Dabei stellte sich heraus, dass gut ein Drittel der Kinder sich trotz der vorhandenen Risiken und der damit verbundenen schlechten Prognosen hervorragend entwickelte. Aufgrund bestimmter Fähigkeiten und Lebensstrategien schafften sie es, an den schwierigen und problematischen Verhältnissen nicht zu zerbrechen, sondern sogar daran zu wachsen. Ursprünglich stammt der Begriff Resilienz aus der Materialkunde und bedeutet Robustheit im Sinne von Elastizität. In den Ergebnissen der Kauai-Studie wurde er für die Beschreibung dieser Eigenschaften und Lebensstrategien verwendet. Man meint damit also die Summe der Kräfte, die Menschen aktivieren, um mit Widrigkeiten des Lebens so umzugehen, dass sie diese nicht nur überwinden, sondern langfristig sogar an persönlicher Stärke gewinnen. Mittlerweile hat sich der Begriff wie auch das Interesse am Phänomen Resilienz rasant verbreitet. Das mag damit zusammenhängen, dass sich die Ausrichtung des wissenschaftlichen Interesses insgesamt zu einer stärkeren Ressourcenorientierung gewandelt hat. Es mag aber auch daran liegen, dass der angestiegene materielle Lebensstandard in den westlichen Industriegesellschaften an Grenzen stößt, die nur noch mit permanentem Druck weiter gesteckt oder aufrechterhalten werden können. Auch ohne wirtschaftliche und existenzielle Not fühlen sich viele Menschen am Rande ihrer Kräfte. Sie befürchten, dass ihre Lebensentwürfe nicht zu halten sind und dass unaufhaltsame Veränderungen alles zum Schlechteren bewegen, dass Einfluss, Sicherheit und Anerkennung nicht mehr gesichert sind. Sie empfinden Groll und Unmut darüber, dass von außen keine Rettung zu erwarten ist und niemand das Rad in die »guten alten Zeiten« zurückdreht. In dieser Lage scheint Resilienz eine vielversprechende Möglichkeit zu sein, mit diesen Herausforderungen zumindest besser umgehen zu können, wenn man ihnen schon nicht entgehen kann.

Resilienz als Krisenfestigkeit

→ *Welche Schwierigkeiten haben Sie im Leben schon gemeistert?*
→ *Welche Enttäuschungen haben Sie überwunden?*
→ *Welche materiellen und ideellen Verluste haben Sie kompensiert?*
→ *Welche Beziehungen trotz Schwierigkeiten und Konflikten erhalten?*
→ *Welche kleinen und großen Erfolge haben Sie errungen, obwohl die Anzeichen zunächst dagegensprachen?*

Um solches zu schaffen, haben Sie Ihre Resilienz eingesetzt. Es handelt sich dabei um Fähigkeiten, die wir aktivieren, wenn wir »die Krise kriegen«. Resilienz ist die Summe all der Kräfte, die es Menschen ermöglichen, Lebenskrisen, widrige Umständen und einschneidende Veränderungen so zu meistern, dass sie ohne langfristige Beeinträchtigung damit fertig werden, ja auf lange Sicht sogar an Reife gewinnen. Resiliente Menschen sind also solche, die das Leben in guten und in schlechten Zeiten meistern. Sie arbeiten an sich, regenerieren sich und setzen ihre Kräfte gebündelt und zielgerichtet ein, statt sich an dem aufzureiben, was sie nicht so ohne Weiteres ändern können. Um auf diese Weise schwierige Verhältnisse, aber auch Rückschläge und Niederlagen zu verkraften, ohne langfristig Schaden zu nehmen, braucht man geistige Stärke. Sie ist es, die uns in die Lage versetzt, mit jedweden Lebenssituationen so umzugehen, dass wir daran nicht zerbrechen, sondern uns zu reifen Persönlichkeiten entwickeln.

Manchmal bezeichnet man resiliente Menschen als Stehauf-Menschen, die sich auf lange Sicht nicht unterkriegen lassen. Sie sind keineswegs immun gegen Angst, Schmerz und Verzweiflung. Doch sie erholen sich schneller als andere davon, fassen immer wieder Mut und geben ihrem Tun und ihrem Leben eine neue sinnvolle Richtung. So machen sie die Erfahrung, dass sie durch die durchlebten Krisen an persönlicher Kompetenz und Charakterstärke gewinnen. Die Zuversicht, zukünftig mit ähnlichen Problemen noch besser umgehen zu können, lässt sie gelassener und offen auf das Kommende zugehen. So werden sie krisenfest.

Der Begriff Krise wird häufig einseitig negativ gesehen, weil Krisen mit Verlust und Verunsicherung einhergehen. Sie eröffnen jedoch auch Chancen für neue Entwicklungen. Erkenntnisse der Persönlichkeitspsychologie und praktische Lebenserfahrungen zeigen, dass individuelle wie auch gesellschaftliche Entwicklungssprünge meist nach Krisen und Einschnitten erfolgen. Als Krise nehmen wir eine Situation wahr, in der wir mit den bisherigen Strategien die vorhandenen Probleme nicht mehr lösen können. In der Medizin spricht man von Fieberkrise, wenn bei einer Erkrankung mit hohem Fieber und Verwirrtheit ein rascher Fieberabfall erfolgt. Dieser geht entweder mit fortschreitender Besserung oder aber mit Kreislaufzusammenbruch einher.[1] Am Krisenhöhepunkt wendet sich also das Blatt. Die Zuspitzung leitet eine tiefgreifende Veränderung ein. Krisenzeiten sind daher Wendezeiten. Sie können sich in äußeren Veränderungen manifestieren wie auch in inneren Entwicklungen. Auf jeden Fall läuten sie etwas Neues ein. Die damit verbundenen Umbrüche werden zunächst häufig als unangenehm, beängstigend, belastend erlebt. Denn mit dem Neuen geht immer auch etwas vom Alten verloren. Das wird umso schmerzlicher empfunden, je verlässlicher, passender, vertrauter wir das Gewesene erlebt haben. Das kann der Wechsel von Gesundheit zu Erkrankung sein, von bewährten Richtlinien und Methoden zu Strukturen und Anforderungen, mit denen ich mich noch nicht auskenne, von großzügiger Ausstattung und komfortablen Rahmenbedingungen zu bescheideneren Verhältnissen und unangenehmen Einschränkungen.

Gerade im Umgang mit kritischen Lebensereignissen

zeigt sich, wie weit Menschen zu resilienten Reaktionen in der Lage sind. Unter unseren aktuellen Lebensbedingungen geraten viele Menschen durch zunehmende Arbeitsverdichtung und erhöhte Belastung sowie gravierende oder permanente Veränderungen in eine Krise. Auch private Ereignisse wie Wohnortwechsel oder Elternschaft, individuelle existenzielle Einschnitte wie Unfälle und Krankheiten oder kollektive Katastrophen können eine Krisenerfahrung auslösen. Egal, worauf diese zurückzuführen ist, in einer Krise kommen wir aus dem Gleichgewicht und werden verstört. Weltbild und Selbstbild geraten aus den Fugen und müssen neu angepasst werden. Genau darin liegen gleichzeitig auch die Chancen der Krise. Eine Krise ist immer auch ein – manchmal längst fälliger – Anstoß und eine Gelegenheit, etwas in Ordnung zu bringen oder neu zu gestalten. Da die bisher bewährten Reaktionsweisen und Strategien nicht mehr greifen, müssen und können wir unser Repertoire an Denkmustern, Gefühlen und Verhaltensweisen erweitern.

Sie selbst haben es in der Hand, auf welche Weise Sie an solchen Wendepunkten reagieren. Statt Ihre Kräfte in verbissener Abwehrhaltung gegen unausweichliche Veränderungen zu verschleißen, können Sie Ihre Energien für die Mitgestaltung der Neuerungen mobilisieren. Statt unaufhörlich Vergangenem hinterherzutrauern, können Sie gewohnte Denk- und Verhaltensmuster, die Sie an diesem Punkt nicht mehr weiterbringen, überprüfen und ändern. In Umbruchsituationen stärken Sie Ihren Gestaltungswillen und fördern Ihre Gestaltungsfähigkeit, wenn Sie davon ausgehen, dass in der aktuellen Grenzerfahrung neue Möglichkeiten liegen. Oft genug sind diese nämlich auf den ersten Blick gar nicht zu erkennen. Gefragt ist also das Vertrauen, dass sich die Chancen und Möglichkeiten der Krise noch erschließen werden. Viele Menschen, die schwere Schicksalsschläge erfahren haben, berichten, dass sie erst in der Rückschau erkannt haben, wie sich ihre Sichtweisen durch die adäquate Krisenbewältigung erweiterten und sie neue wegweisende

Schwerpunkte in ihrem Leben setzen konnten. Ungünstige Ausgangsbedingungen reichen vielen als Erklärung, dass sie selbst oder andere »es« nicht schaffen können. Doch unzählige Beispiele resilienter Menschen zeigen, dass sie gerade durch die Überwindung solcher Schwierigkeiten ihr Leben auf ihre Art meistern konnten.

Wozu brauchen Lehrende Resilienz?

→ *Sind Sie enthusiastisch in Ihren Beruf gestartet und finden sich erschöpft in täglichen Kämpfen wieder?*
→ *Droht Ihnen im täglichen Stress die Freude an Ihrem Beruf verloren zu gehen?*
→ *Fühlen Sie sich in Ihrem Tun missverstanden, als Person gering geschätzt?*
→ *Sehen Sie sich den unterschiedlichsten Erwartungen und Ansprüchen ausgesetzt, gegen die Sie sich nur schwer abgrenzen können?*

Bei einschneidenden Ereignissen wie Krankheit, Tod, Partnerschaftsproblemen oder schwerwiegenden Verlusten wird die seelische Widerstandsfähigkeit auf eine besonders harte Probe gestellt. Doch brauchen Sie Resilienz nicht nur im privaten, sondern auch im beruflichen Alltag, um häufig wechselnde Reformen, veränderte Anforderungen, vermehrte administrative Aufträge sowie steigenden Erwartungsdruck zu verkraften.

Sie ganz persönlich profitieren davon, wenn Sie Ihre Bewältigungskompetenz trainieren und Ihre inneren Kräfte aktivieren. Von Menschen, denen es gelungen ist, die Wechselfälle ihres Lebens mit Resilienz zu meistern, wurden folgende Gewinne berichtet und beobachtet:

- Sie haben gelernt Verletzlichkeit und unerfreuliche Erfahrungen zu akzeptieren.
- Sie bringen mehr Mitgefühl und Empathie auf.
- Sie wertschätzen persönliche Beziehungen mehr.
- Sie berücksichtigen ihre eigenen Werte besser.
- Sie setzen angemessene Prioritäten.
- Sie steigern ihre allgemeine Bewältigungskompetenz.
- Sie entwickeln ein stabileres Selbstwertgefühl.
- Sie gewinnen mehr Wertschätzung für das Leben.

- Sie entwickeln eine tiefere emotionale Reife.
- Sie finden einen tieferen Zugang zum Lebenssinn.
- Sie erleben eine umfassendere und tiefer erfüllte Gottesbeziehung.

Gerade, wenn Lehrende sich unter Druck sehen, wenn sie das Gefühl haben, dass ihnen zu viel aufgebürdet wird, wenn ihnen Bestätigung und positive Rückmeldung von außen fehlen, brauchen sie innere Stärke, Resilienz. So lange die Verhältnisse uns entgegenkommen, so lange alles glatt läuft, so lange – zumindest gefühlt – alles im grünen Bereich ist, so lange brauchen wir keine Resilienz. Denn dann kommen wir mit unseren üblichen Mitteln gut zurecht. So lange findet aber auch wenig persönliche Entwicklung statt. Natürlich ist es wohltuend und erholsam, ruhige Phasen zu haben, nicht ständig getrieben zu sein. Man kann sich diese auch selbst immer wieder schaffen. Geistige Stärke aber entwickeln wir, wenn wir gezielt beobachten und uns darüber klar werden, von was und von wem wir uns treiben lassen. Dann können wir selbstverantwortlich entscheiden, wie wir stattdessen handeln wollen. Ohne solche Anschübe entwickeln wir wenig Bewusstsein und Entschlusskraft, sondern machen einfach immer so weiter, wie wir es gewohnt sind.

Belastungsfaktoren für Lehrende

Äußere Rahmenbedingungen und subjektives Erleben

Lehrpersonen müssen bei uns mit Arbeitsbedingungen zurechtkommen, die keineswegs ideal sind und sich mancherorts noch zu verschlechtern scheinen. Dazu gehören große Klassen mit bis zu 33 Schülern, unzureichende, nicht funktionierende oder lückenhafte Ausstattung mit Materialien und Medien und ein ständiger hoher Lärmpegel in der gesamten Arbeitsumgebung. Dazu kommen immer wieder neue Reformen und administrative Vorgaben, auf die die Lehrenden keinen Einfluss haben.

Andererseits geht die überwiegende Zahl der Lehrenden in Deutschland ihrem Beruf als Beamte im öffentlichen Dienst nach. Das bringt bestimmte Rahmenbedingungen mit sich, die klare Vorteile, aber auch Nachteile haben. Sind Lehrende erst einmal im System angekommen, sind sie finanziell und existenziell auf Lebenszeit abgesichert. Durch keine der zahlreichen Reformen kann ihre Stelle wegrationalisiert werden, im ungünstigen Fall droht höchstens eine Versetzung an eine andere Schulform oder an einen anderen Ort. Doch selbst dem sind regulierte Grenzen gesetzt. Weder unzureichende Leistung noch fehlendes Engagement kostet sie ihren Arbeitsplatz. Schlimmstenfalls müssen sie mit dienstlicher Weisung und verstärkter Kontrolle durch die Vorgesetzten rechnen. Auch erhebliche Unstimmigkeiten oder Auseinandersetzungen mit Schülern und Eltern bedrohen nicht ihre berufliche Existenz. Selbst wenn

Eltern vehement gegen eine ihrer Meinung nach falsche Beurteilung oder zweifelhafte Erziehungsmaßnahme vorgehen und juristisch Recht bekommen, wird der betreffenden Lehrperson formal »nichts passieren«, außer dass sie die manchmal demütigende Erfahrung zu verkraften hat, dass sie klein beigeben oder ihre Entscheidung revidieren muss.

Nun scheinen sich aber viele Lehrer diese komfortable Situation weder bewusst zu machen noch sich gar darüber zu freuen. Vielmehr nehmen sie subjektiv häufig Unsicherheit, Druck und Bedrohung wahr. Woher kommt diese offensichtlich nicht aus den tatsächlichen Fakten resultierende Stimmungslage? Die Vermutung, dass von Haus aus eher sicherheitsbedürftige Personen nach Berufen in solchen Strukturen streben, reicht als Erklärung nicht aus. Vielmehr lässt sich beobachten, dass viele Lehrer sich zwar in diese Systeme einpassen, aber nicht in Strukturen wahrnehmen, denken und agieren, sondern alles über ihre Person abarbeiten. Kritik oder Beschwerden von Schülern, Eltern oder anderen Personen empfinden sie eher als Kränkung oder Provokation, als dass sie dies nüchtern als eine Information über die Sichtweise und das Erleben des Gegenübers definieren. In anderen Berufen betrachtet man es als das selbstverständliche Recht und die Pflicht von Vorgesetzten, sich ein Bild von der Arbeit ihrer Mitarbeiter zu machen und diese auch zu bewerten. Erfragt eine Schulleiterin konkrete Auskünfte zur Vorgehensweise in einer Unterrichtssituation oder zum Verhalten bei einem Elternabend oder will sie sich gar selbst einen Eindruck von der Arbeitsweise einer Kollegin verschaffen, wird das in der Regel empört als Zumutung, ja schon fast als Anmaßung angesehen. Die Klage eines Elternpaares wird nicht als ein juristischer Schritt gesehen, der diesen offensteht und eine Entscheidung herbeiführt, für die man dann nicht mehr verantwortlich ist. Sie wird als persönlicher Affront empfunden. Diese innere Haltung von Lehrenden, alles persönlich zu nehmen, führt zu Selbstzweifeln und Unsicherheit und äußert sich in übermäßiger Empfindlichkeit und Dünnhäutigkeit gegenüber allen Erwartungen, Forderungen und Kommentaren von außen.

Dieses ganz persönliche Involviertsein bewirkt, dass auch andere Gegebenheiten als Belastungsfaktoren erlebt werden. Lehrer erfahren wenig gesellschaftliche Anerkennung für ihr Tun – zumindest ist das gefühlt so. Viele Lehrer sind überzeugt, dass sie als Berufsgruppe ein schlechtes Image haben. Tatsächlich hat aber die jüngste »Bürgerbefragung öffentlicher Dienst« 2012[2] ergeben, dass seit der ersten Befragung 2007 das Ansehen der Beamten insgesamt um neun Prozentpunkte gestiegen ist, wobei die Lehrer als Berufsgruppe auch noch innerhalb der Beamtenschaft zu den größten Gewinnern im Ansehen gehören. Auch in dieser Diskrepanz zeigt sich die Wirkung der subjektiven Wahrnehmung und Einschätzung. Sie hängt nicht in erster Linie davon ab, wie etwas faktisch ist, sondern wie die Beteiligten es subjektiv erleben und bewerten. Dass Lehrpersonen glauben, wenig gesellschaftliche Wertschätzung und Anerkennung zu bekommen, hängt auch damit zusammen, dass sie einzelne geringschätzige Äußerungen und pauschale Urteile sehr persönlich nehmen und damit als besonders gravierend und exemplarisch einordnen. Und sie haben anscheinend solchen Äußerungen außer Trotz, Zorn oder Verletztheit wenig entgegenzusetzen. Sie verfügen über keine inneren Kriterien für den Wert und die Qualität ihrer Arbeit, die sie diese Äußerungen relativieren lassen.

Bärbel H. beispielsweise hat ihren dringend fälligen Arztbesuch verschoben, weil kurzfristig eine Klassenkonferenz wegen einer ihrer Schülerinnen einberufen werden musste. Wegen dieser Schülerin hat sie sich mit einem Kollegen hart auseinandergesetzt, um ihn von einer milderen Erziehungsmaßnahme zu überzeugen. Jetzt sitzt sie mit Kopfschmerzen im Wartezimmer und hört mit, wie sich zwei andere Patienten über ihre Kinder und »die Lehrer« unterhalten, die kein

Verständnis für die Schüler hätten und es sich so einfach machen. Sie spürt, wie ihre Anspannung und ihr Ärger steigen, gleichzeitig fühlt sie sich hilflos und verletzt. Zusätzlich ärgert sie sich noch darüber, dass sie stumm danebensitzt und es nicht schafft, den beiden Frauen ihre Meinung zu sagen.

Dass ihre Arbeit von Außenstehenden ohne Sachverstand und Berechtigung kommentiert und pauschal negativ bewertet wird, erleben auch Angehörige anderer Berufsgruppen. Lehrpersonen erfahren solches wahrscheinlich überdurchschnittlich häufig, da sehr viele Menschen Erfahrungen, die sie irgendwann in irgendeinem Zusammenhang mit der Schule gemacht haben, auf diese Weise verarbeiten. Mit der Schule haben außerdem sehr viel mehr Menschen direkt oder indirekt zu tun als mit Krankenhäusern, Gerichten oder Wirtschaftskonzernen. Alle haben ihre eigenen Erfahrungen damit und hören darüber hinaus noch Kinder, Enkel, Verwandte oder Kinder von Freunden, die sich über die Schule beschweren und glauben, es besser zu wissen und zu können. Und die meisten Lehrer nehmen diese öffentliche Geringschätzung sehr persönlich.

Kommunikation und Interaktion

Die Tätigkeit als Lehrende bringt es mit sich, dass sie unablässig mit anderen Personen interagieren müssen. Selbst die Pausen sind häufig gefüllt mit Aktivitäten, bei denen sie mit anderen befasst sind: Aufsichten, Schüleranfragen, Absprachen mit Kollegen, organisatorische Informationen. Sie befinden sich also in einem unablässigen Kommunikationsstrom, der mit steigender Belastung immer weniger bewusst gestaltet wird. Unter diesem Druck passieren leicht Fehlleistungen mit kräftezehrenden Auswirkungen: wo entschieden werden müsste, wird diskutiert und gezögert, wo Spielraum sein könnte für das Mitwirken anderer, wird kurzerhand entschieden, wo zuhören weiterbringen würde, werden Ratschläge erteilt, wo Klärung nötig wäre, wird gedeutet und häufig missdeutet.

Burnout-Symptome und Erschöpfung sind bei Lehrern nicht auf schwierige äußere Bedingungen wie Schulform, Klassengrößen oder administrative Vorgaben zurückzuführen. Den entscheidenden Einfluss auf die psychische Gesundheit von Lehrern hat nach einer Untersuchung der Freiburger Mediziner Bauer und Unterbrink[3] das Ausmaß der erlebten Feindseligkeit. Je mehr Lehrer sich von Schülern oder Eltern beleidigt und attackiert fühlen, desto belasteter und erschöpfter fühlen sie sich. Viele Lehrer haben in dieser Hinsicht eine Leidensgeschichte, die sie in eine Sackgasse führt. Sie machen ihre Verfassung und ihre eigene Kommunikation komplett abhängig vom Verhalten und der Rückmeldung anderer. Der Schulleiter hat sie nicht gegrüßt, eine Kollegin war kurz angebunden, Schüler haben sich patzig geäußert, Eltern haben sich überheblich beschwert – an solchen Vorkommnissen reiben sie sich auf und betrachten die Kollegen als Konkurrenten, die Eltern als die Gegenseite. Die Interaktionen und Kommunikationsstile, die sie erleben und selbst betreiben, weisen Muster von Mobbing auf: Häufig geht es darum, jemanden aus einer Gruppierung oder einem System auszuschließen. Nicht, dass Lehrpersonen nicht zu gelingender Kommunikation in der Lage wären – sie ist eine wesentliche Grundlage ihres Tuns. Doch das bewusste Umschalten und professionelle Einsetzen unterschiedlicher Techniken und Stile je nach Situation und Gegenüber bleibt aus tiefer persönlicher Betroffenheit häufig auf der Strecke. Gleichzeitig ist gerade Kommunikation ein Gebiet, auf dem viel Entlastung möglich ist: einerseits, indem man verschiedene Techniken übt, bis man sie so verinnerlicht hat, dass sie einem wie von selbst von der Hand gehen, andererseits, indem man an seiner inneren Haltung arbeitet, damit sie einem erlaubt und sogar nahelegt, professionell zu reagieren. So kann man die erlernten Kommunikationstechniken auch einsetzen, statt sich von den persönlichen Impulsen und Empfindlichkeiten leiten zu lassen.

Die Lehrer-Schüler-Beziehung ist eine Grundvoraussetzung und gleichzeitig das Fundament effektiver Arbeit in der Schule. Es bedeutet eine riesige Erschwernis und Behinderung, wenn diese Beziehung belastet, konfliktreich, gestört oder kaum vorhanden ist. Lehrende fühlen sich beeinträchtigt durch zu wenig Respekt oder Motivation der Schüler – genau das Gleiche beklagen allerdings auch Schüler bei Lehrern. Viele Probleme im Klassenraum beruhen auf solchen Verhaltensproblemen, auf Missverständnissen oder fehlendem Verständnis füreinander.

Da an den meisten Schulformen die Lehrpersonen allein mit der Klasse agieren, bekommen sie (außer von den Schülern, so sie dieses zulassen) kaum differenzierte Resonanz und qualifiziertes Feedback für ihr Tun. Nicht wenige Lehrpersonen leiden im tiefsten Inneren unter der Befürchtung, dass sie nicht gut genug sind, dass sie es nicht schaffen, ihren Schülern etwas beizubringen und sie zu guten Abschlüssen zu führen. Weil sie sich häufig aber auch nicht gern in die Karten schauen lassen und niemanden in ihrer Klasse haben wollen, der sie kritisieren könnte, können diese Selbstzweifel sich weiter breitmachen, ohne dass sie Kriterien für eine realistische Einschätzung entwickeln.

Wenn unter Kollegen großer Konkurrenzdruck herrscht und Zusammenarbeit, Kollegialität und Vertrauen zu wünschen übrig lassen, ist das eine auf Dauer zermürbende Zusatzbelastung. Weil an den meisten Schulen letztlich jede Lehrperson die Klassentür hinter sich schließt und man in der direkten Lehrtätigkeit nicht aufeinander angewiesen ist, können Konflikte lange schwelen, ohne dass sie angesprochen oder ausgetragen werden. Aufgrund dieser Gegebenheiten sind Lehrende als Berufsgruppe äußerst ungeübt darin, trotz persönlicher Verschiedenheit und inhaltlichen Konflikten Wege zur Zusammenarbeit zu finden und zu gestalten. In harmonieorientierten Lehrerkollegien führt das dazu, dass selbst langjährige Konflikte unter den Teppich gekehrt werden und man sich gegenseitig auf keinen Fall kritisiert, damit einem nicht Gleiches widerfährt. In eher leistungs- oder machtorientierten Kollegien hat es dagegen zur Folge, dass im Lehrerzimmer ungeniert gelästert wird, abfällige Bemerkungen hörbar geäußert werden oder sogar die fehlende Bereitschaft zur Unterstützung deutlich artikuliert wird. Doch nicht nur Kommunikationsstörungen in der Beziehung zu Schülern und Kollegen können täglich Zeit, Energie und Nerven kosten. Auch vonseiten der Schulleitung und Schulverwaltung vermissen Lehrende oft genau die Offenheit und Transparenz, die sie im Klassenzimmer leben und vermitteln sollen.

Anforderungen an die Persönlichkeit

Professionelle Distanz zwischen sich und dem Job könnte verhindern, dass Lehrer sich an den diversen Erwartungen reiben und aufreiben. Zumindest könnte der Druck vermindert werden. Viele gehen mit Enthusiasmus an die Arbeit, gehen ganz in ihr auf und identifizieren sich mit ihrer Schule. Manche hängen sich voll rein in den Mikrokosmos Schule, um wenigstens dort die Welt ein Stück besser zu machen. Etliche suchen dort die Erfüllung dessen, was im eigenen Leben fehlt. Doch irgendwann ist dieser Mangel nicht mehr zu kompensieren und sie denken an Vorruhestand oder innere Kündigung.

Die Lehrerrolle ist facettenreich und vielschichtig. Jeder Außenstehende sucht sich etwas heraus, das aus seiner Perspektive und seiner Meinung nach auf jeden Fall dazu gehört, und erwartet oder fordert genau dieses. Die meisten Lehrer sind sich selbst ihrer Rolle keineswegs sicher. Sie definieren sie je nach (ständig wechselnden) Lehr- und Lernkonzepten und persönlicher Lebensphilosophie. Vor diesem Hintergrund füllen sie ihre Rolle mehr oder weniger gelungen aus. Lehrende, die bezüglich ihres eigenen Rollenverständnisses immer wieder verunsichert sind, werden frustriert, weil sie ihren eigenen diffusen Vorstellungen nicht gerecht werden können. Sie kommen außer Atem, weil sie einem unerreichbaren Ideal hinterherrennen, das sich auch noch dauernd ändert. Erschwerend kommt nämlich hinzu, dass Lehrenden neue Rollen übergestülpt werden, ohne dass sie dafür die entsprechende Ausbildung oder Begleitung bekommen.

Der Lehrberuf fordert und erfordert also in hohem Maße die ganze Persönlichkeit. In der Ausbildung wird diesem Aspekt leider wenig Rechnung getragen. Weder wird angehenden Lehrern vermittelt, wie sie ihre eigene Persönlichkeit authentisch entfalten und stärken können, noch erfahren sie ausreichend Anleitung darin, als individuelle Persönlichkeit eine professionelle Haltung zu entwickeln und zu kultivieren, auf deren Grundlage sich gleichwürdige Beziehungen[4] mit angemessener Nähe und Distanz gestalten lassen. Und so betreten sie Tag für Tag eine Arena, in der viele von ihnen ungeschützt agieren. Gerade diejenigen, die mit großem Enthusiasmus dabei sind und die individuelle Förderung und Ermutigung ihrer Schüler an oberste Stelle setzen, brauchen Schutzmechanismen für sich selbst, um diese wertvolle und anspruchsvolle Arbeit auf Dauer tun zu können. Nicht wenige lernen im Lauf der Zeit durch bittere Erfahrungen, sich selbst aus der Schusslinie zu nehmen und persönlich zu schützen. Doch leider sind diese Maßnahmen dann häufig aus der Not geborene Vermeidungs- und Abwehrstrategien, die den Betreffenden nicht dazu dienen, ihre Ängste und Aggressionen zu verarbeiten und konstruktive Lösungsmöglichkeiten zu finden. Lehrende, die es in der Konsequenz vorziehen, sich hinter einer Fassade von Unberührtheit und Kaltschnäuzigkeit zu verschanzen, bekommen zunehmend Probleme mit Schülern, Eltern und Kollegen, was zu weiterem innerem Rückzug, zu Verdruss und Frust Anlass gibt. Was ihnen fehlt, ist eine professionelle Anleitung und eine kontinuierliche Begleitung zur Persönlichkeitsentwicklung, die sie für solche Situationen vorbereitet und schützt. Unterschiedliche Sichtweisen, Methoden und Kommunikationsstile können auf diese Weise nicht nur reflektiert, sondern auch geübt und trainiert werden. Souverän eingesetzt würden sie manch bittere Erfahrung ersparen und manch positive ermöglichen.

Resilienz als Schlüsselkompetenz für Lehrende

Mit Resilienz das Leben bewältigen[5]

In ihrer Kauai-Studie hat Emmy Werner unter anderem herausgefunden, dass es ganz bestimmte protektive Einflüsse gibt, die Menschen auch unter sehr ungünstigen Bedingungen gesund erhalten und gedeihen lassen. Diese Schutzfaktoren ermöglichen es, alltägliche Widrigkeiten und schwere Krisen zu bewältigen und mit diesen Erfahrungen und den daraus gewonnenen Erkenntnissen eine individuelle innere Stärke, nämlich Resilienz, zu entwickeln. Mittlerweile ist auch in vielen weiteren wissenschaftlichen Studien nachgewiesen worden, dass es Stehauf-Menschen[6] gibt, die über Resilienz verfügen. Sie scheinen ein seelisches Immunsystem zu haben, das es ihnen ermöglicht, auf lange Sicht unbeschadet aus Verlusten, Einschränkungen, ja sogar schlimmsten Erfahrungen herauszukommen. Man hat inzwischen ziemlich gut erforscht, welche Komponenten zu Resilienz beitragen, und man weiß auch, dass diese Fähigkeiten nicht nur in die Wiege gelegt sind. Man kann sie auch lernen und trainieren.

Das anschauliche Scheibenmodell von Resilienz, das ich gemeinsam mit Hugo Körbächer entwickelt habe, zeigt die Resilienzfaktoren als sieben ineinander verwobene Grundhaltungen und Verhaltensaspekte. Es hängt von der individuellen Person und der speziellen Situation ab, welche dieser Aspekte in einem bestimmten Zusammenhang besonders notwendig (»Not wendend«) sind und ermutigend, erleichternd oder stärkend wirken. In jedem Fall beeinflussen sie sich gegenseitig.

Besonders bedeutungsvoll für die seelische Widerstandskraft sind die Aspekte im Innenkreis: Optimismus, Akzeptanz und Lösungsorientierung. Diese drei Grundhaltungen sind die Voraussetzung für eine realistische und dennoch zuversichtliche Einschätzung einer schwierig erscheinenden Situation. Außerdem sind sie von großer Bedeutung für die Bereitschaft, diese Situation als zu lösende (Lebens-) Aufgabe anzunehmen. Selbstregulierung, Selbstverantwortung, Beziehungen und Zukunft gestalten sind Handlungsalternativen, die den Weg ebnen für eine adäquate Anpassung und eine verantwortungsvolle Lebensbewältigung. Ein funktionierendes soziales Stützsystem und sinnstiftende

Aufgaben erfüllen menschliche Grundbedürfnisse und wirken stabilisierend.

Menschen, die man in diesem Sinn als resilient bezeichnet, zeichnen sich durch diese drei inneren Grundhaltungen und die entsprechenden Kräfte aus. Sie haben die Zuversicht, dass schwierige Lebenslagen vorübergehen. Sie sind hoffnungsvoll, dass Dinge sich zum Guten wenden können, auch wenn sie noch nicht wissen, wie. Und sie sind überzeugt von ihrem persönlichen Wert, egal, was ihnen widerfährt. Auf dieser Grundlage gelingt es ihnen früher oder später, das zu akzeptieren, was sie nicht ändern können, seien es unbeeinflussbare Gegebenheiten, andere Menschen oder ungeliebte Anteile bei sich selbst. Sie sind flexibel und unkonventionell genug, um individuelle und innovative Lösungen für unterschiedliche Lebenslagen zu finden und umzusetzen.

Neben diesen drei Grundhaltungen aktivieren und nutzen sie vor allem vier Fähigkeiten oder Handlungsprinzipien. Sie sind in der Lage, sich selbst zu regulieren, ihre Impulse unter Kontrolle zu halten und unterschiedliche Emotionen zu handhaben. Je nach Bedarf können sie sich selbst beruhigen, ermutigen oder antreiben. Wenn ihnen Schlimmes widerfahren ist, von existenziellen Einschnitten bis hin zu kleineren Verlusten oder Enttäuschungen, verlassen sie nach angemessener Zeit die Opferrolle und übernehmen (wieder) die Verantwortung für sich und ihr zukünftiges Leben. Sie haben weder den Anspruch noch die Neigung, alles mit sich selbst abmachen zu können oder gar zu müssen. Vielmehr sind sie bereit und in der Lage, sich helfen zu lassen und nährende Beziehungen zu anderen zu knüpfen und zu unterhalten. Sie haben ihre Zukunft im Blick, ohne die Gegenwart zu ignorieren. Sie wissen, dass – wie schwierig oder unfreundlich die Vergangenheit auch war oder wie mühsam die Gegenwart ist – die Zukunft immer anders sein kann und dass es in ihrer Hand liegt, in der Gegenwart die Weichen dafür zu stellen.

Diese sieben Resilienzfaktoren sind gleichzeitig auch Strategien zur Persönlichkeitsentwicklung. Sie werden gebraucht und aktiviert, um schwierige Zeiten und Situationen nicht nur zu überstehen, sondern sie zu gestalten und am Ende daran zu reifen. Außergewöhnliche Krisen und Stresserlebnisse können Stärken hervorrufen, die man selbst bis dahin nicht für möglich gehalten hätte. Vorbereitet und geübt werden diese aber nicht nur, wenn die Wogen des Lebens hochschlagen. Gerade in ruhigeren Zeiten und alltäglichen Situationen lässt sich ein Vorrat an emotionaler und mentaler Stärke und praktischen Fähigkeiten aufbauen. Diese Resilienz-Polster und Kräftereserven ermöglichen es, auf künftige Schwierigkeiten vorbereitet zu sein und das Potenzial für lebenslange Entwicklung zu aktivieren.

Resiliente Grundhaltungen

Optimismus

Sven ist schwer beeindruckt. Die Schulleiterin hat ihm in seinem ersten Schulpraktikum nahegelegt, auch mal über seinen Fachunterricht hinauszuschauen und bei Martin S. zu hospitieren. Der ist zuständig für die Berufsvorbereitungsprojekte. Es hat bei Sven auf Anhieb gefunkt, so ein Lehrer möchte er auch mal sein. Mit einer Mischung aus lockeren Sprüchen und ernstem Zureden überzeugt Martin auch den hoffnungslosesten Schüler, dass es sich lohnt, sich anzustrengen und sich zu bewerben, und dass er mehr als eine Chance hat. Einmal hat Martin ihn auch zu Terminen mit Arbeitgebern mitgenommen. Sven bewundert, mit wie viel Nachdruck und Ausdauer Martin diese Gespräche führt, sich nicht abwimmeln lässt, immer wieder eine gute Gesprächsatmosphäre herstellt und sich dann in entscheidenden Momenten ihre Zusagen für Praktikumsplätze sichert. Den Schülern gibt er nicht einfach eine Liste mit Adressen weiter, sondern erzählt ihnen, was er über den Ansprechpartner erfahren hat und wie es ihm gelungen ist, denjenigen trotz anfänglicher Abwehr zu überzeugen. »Man darf nicht gleich aufgeben«, predigt er immer wieder. »Ihr habt da eine Chance, die ihr nutzen könnt. Aber ihr müsst auch dranbleiben. Ihr glaubt nicht, wie viele auf diesem Weg schon an Ausbildungsplätze gekommen sind. Und wenn du was nicht kannst, dann kannst du eben was anderes, oder du kannst es lernen.« Sven hat den Eindruck, dass Martin sich über jeden Erfolg freut und seinen Einsatz gar nicht so mühsam findet. »Ich habe tatsächlich den sportlichen Ehrgeiz, jeden Schüler zu vermitteln, und es gibt mir einen Kick, wenn es mir gelingt«, erklärt Martin ihm. »Aber das war nicht immer so. Vor ein paar Jahren hatte ich einen ziemlichen Durchhänger. Wenn mir da nicht andere Leute Mut gemacht hätten, wer weiß ...«

Damals hatte Martin sein Optimismus verlassen. Zwei Hüftoperationen hatten ihm viele Schmerzen beschert, aber vor allem seine Beweglichkeit ruiniert. Dass die Eingriffe hervorragend gelaufen waren und er von Glück sagen konnte, überhaupt wieder schmerzfrei gehen zu können, hat er damals nicht schätzen können. Davor war sein Leben der Sport gewesen. Er war fitter als die meisten seiner Schüler und lief ihnen locker davon. In seiner Freizeit war er nicht nur ein beliebter und motivierter Handballtrainer, er war auch ständig in Bewegung und konnte in vielen Disziplinen mithalten. Am liebsten mochte er Sportarten, in denen man sich miteinander messen und hinterher noch bei einem Bierchen gesellig zusammensitzen konnte. Dann fühlte er sich kraftvoll und aktiv. Im Lehrerzimmer hatten sie damals einen Fünfer-Tisch, an dem immer gute Stimmung war und auch mal derbe Späße gemacht wurden. Das war wie eine Familie. Man traf sich jeden Tag, wusste, was bei jedem gerade so los war, und nahm sich freundschaftlich auf die Schippe.

Dann hatte sich diese Runde aufgelöst. Leo wurde Konrektor und verbrachte mehr Pausen in seinem Büro als im Lehrerzimmer. Und wenn er mal da war, wurde er von vielen Leuten in Anspruch genommen. Hans hatte sich seiner Lebensgefährtin zuliebe versetzen lassen. Martin machte seine körperliche Einschränkung so zu schaffen, dass er häufig angeschlagen und antriebslos war. Sein Selbstwertgefühl war im Keller. Er, der früher lauthals die Runde unterhalten und Energie für drei hatte, hatte seine Lebensfreude verloren und ließ sich hängen. Versuche von Kollegen, ihn aufzumuntern und ihm klarzumachen, was er noch alles konnte, blieben erfolglos, bis Leo schließlich der entscheidende Impuls gelang. Statt ihm weiter gut zuzureden, konfrontierte er Martin mit seinem Selbstmitleid. »Du bist doch mit Leib und Seele Sportler! Dann nimm das jetzt auch sportlich und rapple dich endlich auf! Was würdest du von einem Wettkämpfer halten, der sich so hängen lässt?« Damit hatte er Martin an einer empfindlichen Stelle getroffen.

Sein Ehrgeiz war wieder geweckt, doch er suchte noch nach einer passenden Perspektive. »Was kannst du am besten?«, half Leo ihm schließlich auf die Sprünge. »Leute motivieren, antreiben, auf ein Ziel hin bewegen, nicht lockerlassen. Und du kannst Leute besoffen quatschen, wenn du etwas von ihnen willst. Ich hab da schon eine Idee, wo du das sinnvoll einsetzen kannst!« So kommt Martin zu einer neuen Aufgabe, die er mit Ehrgeiz und Biss angeht. Indem er sich wieder ambitionierte Ziele setzt und die Erfahrung macht, dass er etwas bewirkt, gewinnt er Zuversicht und Fröhlichkeit zurück.

Martin zieht seinen Optimismus ziemlich einseitig aus dem Vertrauen auf seine körperliche Fitness. Deshalb ist es so schwierig für ihn, wieder Zuversicht zu gewinnen. Denn als diese eingeschränkt wird, ohne dass er etwas daran ändern kann, bricht sein Selbstwertgefühl zunächst in sich zusammen. Lebensfreude und Zuversicht gewinnt er zurück, als es ihm gelingt, sich andere Quellen für sein optimistisches Selbstbild zu erschließen.

Für die Bewältigung schwieriger Lebenssituationen brauchen wir Zuversicht und Hoffnung. Das grundsätzliche Vertrauen, dass auch schwierige Phasen und unangenehme Erlebnisse wieder vorübergehen, lenkt unsere Aufmerksamkeit auf das Licht am Horizont und aktiviert unsere Kräfte. Menschen mit dieser inneren Haltung reden sich keineswegs alle problematischen Situationen schön oder bagatellisieren Härten, Nöte und Strapazen. Es zeichnet sie aus, dass sie gerade angesichts solcher Realitäten und trotz aller Widrigkeiten den Mut nicht verlieren. Sie gehen davon aus, dass sie irgendwie damit fertigwerden, und machen sich gleichzeitig bewusst, dass sie ihren Teil dazu beitragen können, dass es besser wird. Das heißt nicht, dass sie immer naiv glauben, alles schaffen zu müssen und zu können, was von ihnen erwartet wird. Sie haben vielmehr die Zuversicht, dass sie auch ihre Grenzen erkennen und setzen können und dann in der Lage sind, mit den Konsequenzen umzugehen.

In der Resilienzforschung wurde beobachtet, dass diese Optimisten die Welt um sich herum auf eine Art und Weise wahrnehmen und diese Informationen so verarbeiten, dass sie den Schwerpunkt auf die positiven Elemente ihrer Erfahrungen legen. Diese Wahrnehmungs- und Denkmuster sind nicht in die Wiege gelegt, sie sind gelernt und daher für alle lernbar. Die Voraussetzungen dafür mögen vom Grundtemperament und der Persönlichkeit her unterschiedlich sein, doch können auch Erwachsene mit gewohnheitsmäßig sehr pessimistischen Vorannahmen lernen, ihre Aufmerksamkeit und ihr Denken in eine optimistischere Richtung zu lenken. Denn Optimismus ist weniger eine Frage der Stimmung oder Laune als eine Frage von Wahrnehmungs- und Denkgewohnheiten. »Wir sehen die Dinge nicht, wie sie sind; wir sehen die Dinge, wie wir sind«, sagt Richard Rohr.[7] Wie wir uns und unsere Umwelt wahrnehmen und was für Schlüsse wir daraus ziehen, beeinflusst unser ganzes Leben. Gewohnheiten sind erlernte Muster. Wenn Ihnen Ihre Denkmuster nicht (mehr) guttun, können Sie neue lernen, die Sie in die gewünschte Richtung führen. Neue Denkrichtungen wirken zunächst oft befremdlich und häufig verbieten wir sie uns unbewusst. Damit sie zu einer selbstverständlichen Gewohnheit werden können, müssen sie innerlich angenommen, wiederholt und trainiert werden. So können Sie in jedem Alter und zu jeder Zeit neue Sichtweisen gewinnen und festigen, die Sie aufbauen und tragen. Steter Tropfen höhlt den Stein – je öfter Sie sich zuversichtliche und hoffnungsfrohe Gedanken machen, desto selbstverständlicher werden sie Ihnen auch in schweren Zeiten.

Menschen mit einer optimistischen Grundhaltung geben nicht gleich auf, wenn die Dinge nicht wie geplant oder erwartet laufen. Gerade dann pflegen sie ihren Optimismus *trotz* Rückschlägen und *obwohl* sie enttäuscht sind. Sie machen sich klar, dass Rückschläge »normal« sind, dass Misslingen kein Grund ist, den Kopf in den Sand zu stecken. So erhalten sie sich auch bei erheblichen Anforderungen oder Enttäuschungen ihre positive Grundstimmung.

Sabine M. hat in den ersten beiden Grundschuljahren eine Lehrerin, von der sie sich ermutigt und gefördert fühlt. Danach sind die Beziehungen zu den Lehrern eher problematisch und entmutigend. Insgesamt hat sie ihre Schulzeit in nicht allzu guter Erinnerung. Doch diese ersten beiden Jahre genügen, um in ihr die Motivation für den Lehrerberuf zu wecken und stark zu halten. Sie will unbedingt ihrem Vorbild nacheifern und eine vertrauenswürdige und kompetente Lehrerin werden. So werden ihr viele Lehrer zum Beispiel, wie sie selber es nicht machen will, und sie hat den festen Glauben, dass ihr das auch gelingen wird.

Pessimisten vertreten oft die Ansicht, dass es anderen deshalb nicht schwerfällt optimistisch zu sein, weil sie es einfach leichter haben und bei ihnen immer alles glatt gelaufen ist. Doch Optimismus als Grundhaltung ist unabhängig davon, was Menschen erlebt haben. Er kennzeichnet eher die Gedankenmuster, mit denen Erlebtes wahrgenommen und verarbeitet wird. Auch aus Lebensphasen und Situationen, die uns missfallen oder zusetzen, lassen sich Erfahrungen ziehen und Anstöße verwerten, die uns weiterhelfen und unseren Optimismus für die Zukunft stärken.

Optimistisches Denken bezieht sich nicht nur auf die Verhältnisse, sondern auch auf die eigene Person. Wer sich ständig mit anderen Menschen vergleicht, die aus seiner Sicht mehr können oder mehr wert sind, untergräbt ein positives Selbstbewusstsein. Sich auf die eigenen Talente zu besinnen, sie zu entfalten und zu schätzen, stärkt dagegen das Selbstwertgefühl. Das Selbstbild von Optimisten nimmt keinen Schaden, wenn sie sich Überforderung eingestehen und sich entlasten. In solchen Fällen stärken sie ihr Selbstvertrauen, indem sie sich bisherige Erfolge bewusst machen und sich an den schon bewältigten Lebensaufgaben freuen.

Wenn Hoffnungslosigkeit und Verzweiflung sie zu überrollen drohen, zögern sie nicht, sich frühzeitig Hilfe und Unterstützung von außen zu holen, damit sich Vertrauen und Zuversicht wieder aufbauen können.

Optimismus kann auf unterschiedliche Weise gewinnbringend sein: Die Forschung hat gezeigt, dass Optimisten nicht nur mehr Erfolg im Beruf und bei Freizeitaktivitäten haben und mit ihren Beziehungen zufriedener sind. Sie sind auch körperlich und psychisch gesünder und leiden weniger unter Depressionen und Angst. Es stellt sich natürlich die Frage, was hier Ursache und was Wirkung ist. Macht Optimismus gesünder oder haben Gesunde mehr Grund und Anlass zum Optimismus? In Längsschnittstudien gibt es Hinweise darauf, dass Optimismus nicht nur für Heilung und Genesung eine entscheidende Rolle spielt, sondern schon für die Prophylaxe. Interessanterweise scheinen sich Optimisten aktiver um ihre Gesundheit und ihr Wohlergehen zu kümmern als Pessimisten. Sie sind eher bereit, ihr Verhalten zu ändern, um Risiken zu entschärfen und gesunde Entwicklung zu fördern. Sie sind beharrlicher angesichts von Hindernissen oder Rückschlägen. Und natürlich fördert anhaltender Optimismus eine Verfassung, die Depression und Ängsten sowohl vorbeugt als auch bei deren Bewältigung hilft.

Martin Seligman,[8] ein führender Optimismusforscher, hat festgestellt, dass Optimisten und Pessimisten sich darin unterscheiden, wie sie sich Ereignisse und Zusammenhänge erklären. Optimisten neigen dazu, die Ursachen für positive Ereignisse zu generalisieren. Wenn ihre Klasse in einem Vergleichstest gut abschneidet, neigen sie dazu zu denken: »Das ist so gekommen, weil ich eine gute Lehrerin bin«, anstatt dafür eine konkrete Ursache anzunehmen wie: »Wir haben hart gearbeitet für diese Vorbereitung«, oder es äußeren Faktoren zuzuschreiben wie: »Dieses Jahr haben sie den Test leichter gemacht.« Für negative Ereignisse kehren sie diese Tendenz um. Wenn also die Klasse schlecht abschneidet, werden Optimisten eher einzelne Gründe finden wie: »Es sind etliche Stunden ausgefallen in der Vorbereitungszeit«, oder: »Was für unmögliche Aufgaben dieses Jahr!« Sie vermeiden es, zu verallgemeinern: »Ich bin eine schlechte Lehrerin.« Auch bezüglich der Dauer von Ereignissen hat Seligman typische Denkstile von Optimisten ausgemacht. Sie neigen zu der Überzeugung, dass die Ursachen für ein positives Ereignis stabil und unveränderlich sind. Wenn eine Stunde sehr gut gelaufen ist, folgern sie eher: »Die Schüler mögen und respektieren mich«, als dass sie denken: »Na ja, die hatten heute mal einen guten Tag.« Läuft die Stunde nicht zu ihrer Zufriedenheit, finden sie eher einen veränderlichen Grund wie: »Ich hatte heute nicht das richtige Material gewählt.« An diesen Beispielen wird auch deutlich, dass Optimisten positive Ereignisse häufig sich selbst und ihren eigenen Fähigkeiten zuschreiben, negative hingegen äußeren Faktoren, die sie nicht beeinflussen können. Pessimisten machen es umgekehrt. Wenn sie einen Elternabend erfolgreich geleitet haben, denken sie: »Die waren Gott sei Dank nicht so kritisch«, statt: »Das habe ich prima hinbekommen.« Es geht hier um Tendenzen in den Denkgewohnheiten, nicht um unumstößliche Strategien. Natürlich gehört zu einem professionellen Selbstverständnis und Auftreten auch, den persönlichen Beitrag zu einem Fehlschlag zu reflektieren, denn nur dann kann ich die Situation ändern oder für die Zukunft daraus lernen. Doch wenn das eigene pessimistische Denken Stress verursacht oder erhöht und in eine deprimierende Negativspirale führt, in der ich keine Ansatzpunkte für Verbesserung mehr finden kann, ist es für die Gesundheit und die Stabilität wichtig, sich klarzumachen, dass ich es selbst in der Hand habe, dieses Denken zu ändern. Entscheidend ist, welche Wirkung meine Denkmuster auf mich ausüben: Bauen sie mich auf und bringen sie mich weiter oder entmutigen und deprimieren sie mich?

Akzeptanz

Hanne M. fragt sich frustriert, ob es nicht ein Riesenfehler war, an diese Schule zu wechseln. Die Stelle der stellvertretenden Schulleitung schien ein passender Schritt in Richtung ihres Berufsziels, Schulleiterin zu sein. Als energiegeladene, ehrgeizige Pädagogin bringt sie viele Ideen mit, wie eine Schule erfolgreich und zeitgemäß geführt werden kann. An ihrer Qualifikation gibt es keinen Zweifel. Und doch scheint sie hier auf der Stelle zu treten.

An ihrer alten Schule hatte sie gleich nach dem Referendariat ihre erste Stelle bekommen. Die Ausschreibung war auf sie zugeschnitten worden, weil die Schulleiterin sie unbedingt halten wollte. Von Anfang an übernahm sie viel Verantwortung außerhalb ihres Unterrichts. Durch den Besuch entsprechender Fortbildungen machte sie sich bald einen Namen als Expertin für Schulkonzepte. Bald schon hatte Hanne freie Hand bei ihren Aktionen, initiierte topaktuelle Projekte und riss mit ihrer Dynamik einen Großteil der Kollegen mit. Durch ihre Initiative heimste die Schule einen Preis für ein innovatives Konzept zur Integration nichtdeutschsprachiger Schüler ein.

Die Chance der neuen Stelle ergreift Hanne in der Erwartung, maßgebliche Erfahrungen in Leitungsaufgaben sammeln zu können. Sie ist hochmotiviert und bereit, ihre vielfältigen Kompetenzen einzubringen und zu erweitern. Der Schulleiter Thomas S. empfängt sie nicht unfreundlich, doch sehr reserviert. Er weist ihr lediglich operative Aufträge wie das Erstellen des Stundenplans und der Statistiken zu. Von konzeptionellen Aufgaben keine Spur. Auch von den Kollegen fühlt Hanne sich in ihrer Leitungsrolle weder ernst genommen noch angefragt. Ihr Elan verpufft wirkungslos, ihre Vorstöße zur Erarbeitung eines preiswürdigen Schulprogramms finden kaum Resonanz. Als sie einem Kollegen eine Änderung seiner Unterrichtsverteilung mitteilt, sagt dieser: »Ich will das erst noch mal mit Thomas besprechen.« Hanne kocht innerlich. Wahrscheinlich kungeln die beiden hinter ihrem Rücken, bis der Kollege seinen Willen bekommt. Thomas sagt am nächsten Tag nur: »Das sind ganz persönliche Gründe bei Gerd Meier, bitte nimm die Änderung zurück.« Hanne fühlt sich auf verlorenem Posten. Weil sie ihre Tränen nicht zurückhalten kann, flüchtet sie in die Lehrerbibliothek. Dort trifft sie auf die Personalrätin Frau Hansen. Die ist gar nicht ihr Fall. Konservativ, mütterlich, fachlich keine Granate. »Ausgerechnet die muss mich dabei erwischen, wie ich am Heulen bin«, ärgert sie sich insgeheim. Auf ihre Frage: »Sie hatten hier keinen guten Start, nicht wahr?«, schüttelt Hanne nur den Kopf. Frau Hansen setzt sich ruhig neben sie. Dieses Angebot ist dann doch die Gelegenheit für Hanne, mal jemandem ihr Herz auszuschütten. »Darf ich Ihnen einen Rat geben?«, fragt Frau Hansen am Ende. »Niemand will Ihnen etwas Böses. Ein bisschen frischer Wind kann unserem eingefahrenen Haufen durchaus guttun. Aber lassen Sie sich und uns ein bisschen Zeit, uns kennenzulernen und uns mit Neuerungen anzufreunden. Der Kollege Meier ist im Übrigen in einer ganz schwierigen persönlichen Situation, über die nur der Schulleiter und ich Bescheid wissen. Mit Ihnen hat das gar nichts zu tun. Vielleicht können Sie das akzeptieren?«

Hanne hat in der neuen Situation gleich mehrere Akzeptanz-Themen zu meistern. In unterschiedlichen Systemen gelten unterschiedliche Regeln und Gepflogenheiten. Bevor man sie Dinge verändern lässt, muss sie erst einmal Ihren Ehrgeiz zügeln und Vertrauen gewinnen. Dafür braucht sie Zurückhaltung und Geduld, was ihr schwerfällt. Zuspruch bekommt sie überraschenderweise von einer Kollegin, die ihr auf den ersten Blick gar nicht liegt. Alles in allem ist der Stellenwechsel eine ausgezeichnete Vorbereitung auf eine spätere Schulleitungsstelle, nur ganz anders, als Hanne sich das vorgestellt hat.

Mit Akzeptanz ist die Bereitschaft gemeint, etwas oder jemanden ohne Vorbehalte anzunehmen. Sie kann nicht gefordert werden, sondern beruht auf Freiwilligkeit. Die Voraussetzung dafür ist, zu erkennen, was ich nicht beeinflussen und ändern kann, und es in Frieden anzunehmen. Im Gegensatz zur Toleranz, die »nur« gelten oder gewähren lässt, hat Akzeptanz eine aktive Komponente, die des Verstehens beziehungsweise Verstehen-Wollens, was nicht gleichbedeutend mit Zustimmung ist.[9] Bezogen auf ein System bedeutet Toleranz, dass Abweichungen oder Störungen (noch) keine Gegenmaßnahmen erforderlich machen. Akzeptanz ist eine weiterentwickelte Toleranz. Akzeptanz üben bedeutet keineswegs, alles zu schlucken oder resigniert über sich ergehen zu lassen. Es geht dabei gerade nicht um ein passives Ertragen oder Erdulden, sondern um eine bewusste Entscheidung für unvoreingenommene Wahrnehmung. Das bedeutet, dass Achtsamkeit eine Voraussetzung für Akzeptanz ist und gleichzeitig ein Weg und eine Unterstützung dabei. Akzeptanz ist also eine innere Haltung: die grundsätzliche Bereitschaft, ohne Ablehnung und Wertung Personen anzunehmen, Ereignisse zu durchleben und die Realität von Gegebenheiten anzuerkennen. Dies gilt für angenehme wie auch für unangenehme Erfahrungen. Akzeptanz üben bedeutet, all das zu integrieren, was mir das Leben bringt.

Was macht Akzeptanz so schwer? Gerade Menschen, die zu wissen glauben, was sie wollen, und sehr zielgerichtet durchs Leben gehen, tun sich schwer, wenn sich ihnen Hindernisse entgegenstellen. Manchmal fixieren sie sich regelrecht auf einzelne Vorkommnisse in ihrer Biografie, die nicht wunschgemäß verlaufen sind. Von einem einzigen Mangel oder Verlust machen sie ihre gesamte Lebenszufriedenheit abhängig und schätzen dabei gering, was sie ansonsten alles haben.

Dass andere Menschen eben auch anders sind, anders denken, fühlen und reagieren, stellt häufig eine Herausforderung an die eigene Akzeptanzbereitschaft dar. Doch sie ermöglicht einen offenen und konstruktiven Umgang miteinander anstelle von Konfrontationen und verdeckten Vermutungen übereinander.

Wenn sich Lebensumstände oder Rahmenbedingungen verändern, sind die Beteiligten mit der Erfahrung von Verlusten konfrontiert. Altes und Bewährtes gilt nicht mehr, das Neue hat man sich noch nicht zu eigen gemacht. In dieser Verunsicherung klammern sich manche über Gebühr an das, was definitiv vorbei ist. So versperren sie sich eine wirkliche Auseinandersetzung mit dem Verlorenen und eine eigenständige Annäherung an das noch Unbekannte. Wenn eine lang gehegte Illusion plötzlich platzt, wenn eine enge Beziehung in die Brüche geht oder ihnen ein wertvolles Gut genommen wird, haben die meisten Menschen erst einmal das Gefühl, in ein tiefes Loch zu fallen. Denn Verluste werden passiv erlitten, und wer leidet, dem geht es schlecht. Im Gegensatz zum Verlust wird der Verzicht aktiv geleistet, ist also eine bewusst gestaltende Form der Reaktion und Verarbeitung. Nehmen Sie einmal an, Sie verlieren durch einen Unfall ein Bein, einen geliebten Menschen durch Tod oder durch einen Brand einen Großteil Ihrer Habe. Wenn Sie irgendwann den Verzicht auf Ihre körperliche Unversehrtheit, Ihre Beziehung oder Ihre Erinnerungsstücke leisten können, weil Sie anerkennen und akzeptieren, dass die Uhr nicht zurückgedreht werden kann, dann ist dieses Leid gemindert und es werden Kräfte frei, die es ermöglichen, aus der Situation das Beste zu machen. Dieser Qualität von Akzeptanz geht in aller Regel ein Prozess mit unterschiedlichen emotionalen Phasen voraus, vom zornigen Aufbegehren bis zur tiefen Verzweiflung. Unerwartete Ereignisse, unverhoffte Wendungen und nicht erfüllte Lebensentwürfe lassen die Gefühle hochwallen und durcheinandergeraten. Vor vollendete Tatsachen gestellt gilt es, Schmerz, Angst oder Trauer zuzulassen. Die Tränen fließen zu lassen kann erlösend sein, Schmerzen und Ängste zeigen uns unsere Verletzlichkeit und unsere Grenzen. Wenn Sie bereit sind, durch diese schweren Phasen hindurchzugehen und Ihre Gefühle nicht zu unterdrücken, sich anschließend der Realität zu stellen und nüchtern die eigenen Möglichkeiten zu betrachten, sind Sie nicht nur auf einem guten Weg, aus einem Verlust das Beste für sich zu machen. Indem Sie den bewussten Verzicht schaffen, gewinnen Sie zudem an Stärke, persönlicher Freiheit und innerem Frieden. Denn was hinter Ihnen liegt, hat einen Sinn, der sich oft erst in der Rückschau erschließen lässt. Alles, was in Ihrem Leben passiert ist, ist ein Teil von dem, was und wer Sie heute sind. Diese Erkenntnis bahnt den Weg zu Versöhnlichkeit: gegenüber dem, was uns widerfährt, gegenüber anderen Menschen und nicht zuletzt uns selbst gegenüber, mit unserer Biografie und all unseren erwünschten und unerwünschten persönlichen Facetten. Wir streben nicht mehr danach, das Leben zu beherrschen, indem wir versuchen, alles festzuhalten und zu kontrollieren, sondern lassen los und gewinnen gerade dadurch Gestaltungsfreiheit.

Der Resilienzaspekt »Akzeptanz« bezieht sich auf drei unterschiedliche Bereiche: auf die äußere Welt, die anderen Menschen und auf uns selbst. Für nicht wenige Menschen ist die Selbstakzeptanz der schwierigste Part. Doch wer gelernt hat, sich selbst zu akzeptieren mit seiner ganzen Geschichte, mit allen Höhen und Tiefen und allen Licht- und Schattenseiten, der kann authentisch leben. Er sieht sich nicht so schnell durch Kommentare oder Kritik anderer persönlich infrage gestellt. Wenn ich akzeptiert habe, dass ich keine Modelfigur habe und Mode mich einfach nicht interessiert, können mich Bemerkungen anderer viel weniger verletzen, denn sie treffen ja keinen wunden Punkt. Vielleicht kann ich sogar ohne schlechte Gefühle sagen oder denken: »Ja, er hat recht. Genauso ist es. In dieser Situation hatte ich ihn allerdings nicht um seine Meinung dazu gebeten und fühlte mich bloßgestellt.«

Wo wir allerdings mit uns selbst nicht im Reinen sind, da

trifft uns jeder Kommentar, der dann ja genau das anspricht, was ich im Stillen an mir selber kritisiere oder infrage stelle. Ist das in vielen Bereichen der Fall, werden Sie sehr hellhörig, was Kritik angeht. Das heißt, dass Sie oft Kritik an Ihrer Person hören, ohne dass die Äußerung als solche gemeint ist. Sie stellen dann sozusagen Ihre Antennen auf diesen Punkt ein und saugen alles an, was auch nur im Entferntesten in diese Richtung verstanden werden könnte. Eine Kollegin vertritt die Meinung, dass man sich einfach jeden Tag bewegen müsse, und Sie hören heraus, sie habe sich über Ihre Unsportlichkeit lustig gemacht. Eine Schülerin sagt: »Ich wusste gar nicht, dass das heute dran kommt«, und Sie belehren sie scharf, dass Sie das mehrfach gesagt hätten, weil Sie Kritik an sich heraushören. Eine Gruppe von Schülerinnen hört auf zu sprechen und lacht, als Sie vorbeigehen – und Sie sind sicher, dass Sie das Gesprächsthema waren, und fühlen sich persönlich angegriffen. Sehr viele Lehrer sind äußerst dünnhäutig, was Kritik angeht. Jede Form von Rückmeldungen, Kommentaren oder Äußerungen zu ihrem Tun verstehen sie als Angriff auf ihr Selbst. Wenn sie dagegen verstehen lernen, dass sie in ihrem Selbst in Ordnung sind, können sie zu der inneren Ruhe finden, mit der sie vermeintliche Kritik an sich abgleiten lassen können wie an einem Schutzmantel. Was nicht heißt, dass diese Äußerungen nicht auf einer professionellen Ebene zu prüfen sind. Sie könnten Anregungen und Lösungsmöglichkeiten enthalten – dafür sind sie ganz wichtig. Aber diese Prüfung sollte zu einem späteren Zeitpunkt erfolgen, wenn ich aus meiner Mitte heraus damit umgehen kann und nicht so davon gebeutelt werde, dass ich Rechtfertigungstiraden von mir gebe. Voraussetzung dafür ist die Akzeptanz, dass ich nicht immer alles richtig mache, dass ich gelegentlich anderen ein Ärgernis bin, dass ich ab und zu vergesslich oder aufbrausend bin und unvollkommen in meinem Tun – wie alle Menschen!

Sich selbst zu akzeptieren heißt, zu seinen Unvollkommenheiten zu stehen. Nicht zähneknirschend, sondern ehrlich, freimütig und ohne Wenn und Aber. »Ja, ich habe dem Kollegen zugesagt, die Unterlagen mitzubringen, und habe es vergessen. Ja, ich bin nicht fertig geworden mit dem Korrigieren der Klassenarbeit, während die Kollegen der Parallelklassen ihre schon zurückgegeben haben. Ja, ich habe Schwierigkeiten mit dieser Klasse oder diesem Schüler.« Diese Haltung hat auch einen sehr positiven Einfluss auf die Gestaltung der Beziehungen, weil Rechtfertigungen und Gegenangriffe, Insistieren und Rechthaberei überflüssig werden. »Jenseits von richtig und falsch liegt ein Ort. Dort treffen wir uns«, sagt der Sufi-Poet Rumi.[10] Die eigene Begrenztheit immer wieder wahrzunehmen und akzeptieren zu lernen (es ist ein Prozess!) erleichtert eine versöhnliche Haltung zur eigenen Lebensgeschichte und Persönlichkeit. Statt zu versuchen, sich selbst und das Leben zu beherrschen, bringt das Loslassen uns zu Einsichten wie: »Ich habe nicht alles mitbekommen, was ich mir gewünscht hätte. Ich habe mein individuelles Maß an Kraft und kann nicht jederzeit alles erreichen.« Auch die Fähigkeiten, Talente und das eigene Verhalten fordern manchmal ein gerüttelt Maß an Akzeptanz: »Ich kann nicht allen Erwartungen und Anforderungen gleich gut genügen. Manchmal tue ich etwas, das ich eigentlich nicht tun will.« Die eigenen Grenzen zu erfahren bedeutet aber nicht nur eine Einschränkung, die eigenen Grenzen zeigen auch die Möglichkeiten des Wachsens an.

Lösungsorientierung

Meike B. steckt in einer Sackgasse. Sie hat drei Schülern aus ihrer 10a ein Ultimatum gestellt und fürchtet nun, dass diese es darauf ankommen lassen. Meike hat gehört, wie sie beleidigende Bemerkungen über ihre Figur gemacht haben. Verletzt und aufgebracht verlangt sie eine schriftliche Entschuldigung bis zum nächsten Unterricht, andernfalls werde sie mit ihnen zur Schulleitung gehen und dafür sorgen, dass sie eine offizielle Rüge bekommen. Doch ausgerechnet in Sachen Umgangsformen hat Meike selber einen anhaltenden Konflikt mit dem Schulleiter Peter H. Sie hat schon mehrmals eine Grundsatzdebatte eingefordert über die Notwendigkeit, dass hinsichtlich des Umgangsstils an der Schule alle an einem Strang ziehen. Der Grundsatz im Leitbild: »Wir gehen respektvoll und wertschätzend miteinander um« werde von jedem anders verstanden und vorgelebt, was die Schüler natürlich ausnutzen würden. Peter H. hält Meikes Ansinnen für überzogen. Wenn Schüler in diesem Alter sich mal im Ton vergreifen, muss man seiner Meinung nach flexibel reagieren und keine Staatsaffäre daraus machen.

Meike befürchtet nun, am Ende dumm dazustehen, wenn sie mit den dreien und ihrem Anliegen bei Peter H. auftaucht. Ihrer Kollegin und Freundin Anne fällt in der Pause auf, dass Meike etwas bedrückt. »Da hast du dich ja ganz schön reingeritten«, meint diese, nachdem sie Meike zugehört hat. »Ja, aber jetzt kann ich nicht mehr zurück. Es bleibt mir nichts anderes übrig, als das durchzuziehen.« »Unsinn, es gibt immer Auswege. Lass uns nach der Schule in Ruhe darüber reden.«

Anne teilt Meikes Einschätzung, dass das Gespräch beim Direktor wahrscheinlich nicht in ihrem Sinn verlaufen würde. »Er hat zu solchen Dingen eine andere Einstellung, das weißt du doch.« Dennoch bleibt Meike bei ihrer Meinung, dass er in seiner Funktion sie in jedem Fall zu unterstützen habe. Anne gibt ihr ein unverblümtes Feedback: »Du bist immer sehr überzeugt davon, dass deine Sicht der Dinge richtig ist. Und du erwartest, dass andere mitziehen. Wenn du das mal für einen Augenblick beiseitelegst, was hast du dann für Möglichkeiten?« Es fällt Meike schwer, so zu denken, sie ist froh, dass Anne ihr auf die Sprünge hilft. »Du könntest auf jeden Fall erst mal alleine mit dem Chef reden. Wenn du offen zugibst, dass du dich in Schwierigkeiten gebracht hast, wird er eher bereit sein, was für dich zu tun, als wenn du eine Maßnahme von ihm forderst, die er für überflüssig hält. Dann könntest du auch noch mal mit deinen Schülern reden. Du hast sie doch gar nicht gefragt, wie es dazu gekommen ist und wie sie jetzt dazu stehen. Du musst ihr Verhalten ja nicht absegnen, aber wegen ein paar dummen Bemerkungen von Halbwüchsigen musst du dich doch nicht mit dem Chef anlegen! Vielleicht kannst du das Ganze auch mal mit Humor betrachten. Für Humor ist unser Chef immer zu haben – und die meisten Schüler auch.« Meike ist erleichtert, dass sie jetzt wieder mehr Handlungsmöglichkeiten sieht. »Vielleicht gehe ich nicht zum Chef, sondern zu seiner Stellvertreterin Bea«, fällt ihr selbst noch eine Alternative ein. »Der gegenüber zuzugeben, dass ich mich verrannt habe, fällt mir nicht so schwer. Und sie hat vielleicht auch noch eine Idee, wie wir das lösen können, ohne das Gesicht zu verlieren – beziehungsweise das Gewicht«, fügt sie hinzu und kann schon darüber lachen. »Ich muss mir aber auch auf Dauer was einfallen lassen, damit ich mich nicht immer wieder selber in solche Zwangslagen manövriere. Hilfst du mir dabei auch?« »Klaro, wenn du nicht wieder ein todernstes Projekt daraus machst«, grinst Anne.

Da Meike von ihrer Persönlichkeitsstruktur her prinzipienorientiert ist, setzt sie sich vehement für Werte und Verlässlichkeit ein. Dabei schießt sie öfter mal übers Ziel hinaus und engt ihren Lösungsspielraum ein, bis sie mit dem Rücken an der Wand steht. Doch sie ist bereit, sich dabei helfen zu lassen, ihre Blockaden zu erkennen und Alternativen zu entwickeln. Durch diese Offenheit erweitert sich ihre Sichtweise wieder und ihr fallen auch selbst Lösungswege ein. So kann sie für sich auch langfristig Strategien für ein flexibleres Verhalten entwickeln.

Ein entscheidender Resilienzaspekt ist die Fähigkeit zur effektiven Problemlösung und – genauso wichtig – der Glaube an diese Fähigkeit. Auch resiliente Personen haben nicht in jedem Augenblick eine geniale Lösung parat. Doch sie gehen davon aus, dass es ihnen früher oder später gelingen wird, eine zufriedenstellende Lösung zu finden. Dabei werden sie durch den Resilienzaspekt »Optimismus« unterstützt (vgl. S. 35). Außerdem nutzen sie den Resilienzaspekt »Beziehungen gestalten«, um sich Hilfe bei der Problemlösung zu suchen (vgl. S. 68). Diese Fähigkeiten setzen voraus, dass die Betreffenden Zugang haben zu einer Reihe von flexiblen Strategien zur Bewältigung von Schwierigkeiten und Konflikten, zur Aktivierung von Hilfe und zum Umgang mit unvorhergesehenen Rückschlägen.

Es gibt viele Modelle für konstruktive Problemlösungsprozesse. Gemeinsam ist ihnen allen, dass immer zwei Phasen deutlich voneinander unterschieden werden, nachdem das Problem identifiziert und eingegrenzt ist. In der ersten Phase werden mögliche Lösungen erzeugt und gesammelt, in der zweiten werden diese Lösungen bewertet. Viele Menschen, gerade Lehrende, sind es aus ihrem Alltag gewohnt, schnell zu beurteilen und zu bewerten. Das ist auch ein Teil ihrer Aufgabe. Wenn es aber um Einfallsreichtum und Gestaltungskraft geht, darum, zuerst einmal möglichst viele, gerade ungewohnte und innovative Lösungsansätze zuzulassen, erstickt eine frühe Bewertung und Kritik jede Kreativität im Keim. Die Bewertung ist erst dann funktional, wenn unter Berücksichtigung aller relevanten Kriterien entschieden werden soll, welche der Optionen attraktiv und erfolgversprechend ist und daher umgesetzt werden soll. Gute

Lösungen sind immer individuell auf den zugeschnitten, der das Problem hat. Gerade für Lehrer kann es sehr ungewohnt sein, Raum für Spinnereien und eigenwillige Ideen nicht nur zuzulassen, sondern sogar zu initiieren, statt schnell die eigene »beste« oder naheliegendste Lösung durchzubringen. Es braucht Autonomie, innere Unabhängigkeit und häufig auch Mut, um individuelle Lösungen zu finden und zu verwirklichen, die auf die eigenen Erfahrungen, Ressourcen und Bedürfnisse zugeschnitten sind. Man trifft damit selten auf sofortige Zustimmung. Es gab einmal das ungeschriebene Gesetz und die Überzeugung, dass absolutes Chaos entstehen würde und Schüler nichts lernen könnten, wenn man ihnen erlauben würde, im Unterricht herumzulaufen. Also wurde das als ein möglicher Lösungsansatz für hibbelige Schüler komplett ausgeblendet – und für andere Schüler schon gar nicht in Betracht gezogen. Etliche Reformschulen haben es gegen alle Skepsis probiert und unter Beweis gestellt, dass es gut funktioniert, wenn die Rahmenbedingungen entsprechend sind. Erst dann wurde das Konzept auch von Skeptikern übernommen und schließlich hoch gepriesen. Für neue oder ungewöhnliche Ansätze gibt es in der Regel erst einmal keinen Beifall. Nicht selten ist mit ironischen Kommentaren bis hin zu Häme zu rechnen, bis diese sich bewährt haben. Dann werden sie von vielen adaptiert, weil sie jetzt auf Nummer sicher gehen können. Die Ideen-Pioniere brauchen in aller Regel Stehvermögen. Deshalb ist es gut, sich Unterstützer zu suchen.

Gute Problemlösefähigkeiten brauchen wir auch, um mit Stress umzugehen. Wenn wir uns die kognitive Fähigkeit, Probleme zu lösen, bewusst machen und den Glauben daran nähren und stabilisieren, fühlen wir uns nicht so schnell von den Ereignissen überfordert, die außerhalb unserer Kontrolle zu sein scheinen. Wir haben dann seltener das Gefühl, hilflos zu sein angesichts der Schwierigkeiten des Lebens (vgl. Resilienzaspekt »Selbstverantwortung« ab S. 55). Stattdessen sind wir überzeugt davon, dass wir in der

Lage sind, Probleme rational zu durchdenken, Alternativen zu entwickeln und zu bewerten und durch entsprechendes Handeln die Situation meistern zu können.

Die lösungsorientierte Grundhaltung richtet den Blick gezielt auf das, was funktioniert, statt auf das, was nicht klappt. Sie fußt auf der Erfahrung, dass Probleme effizient gelöst werden können, ohne dass man immer die Ursachen ergründen muss. Denn je länger und intensiver man in die tiefgründige Analyse und Erforschung einer misslichen Lage einsteigt, umso weniger findet man den kreativen Kick und die zündende Idee, um aus dieser Lage wieder herauszukommen. Man verstärkt damit eher das Gefühl, dass alles sehr problematisch und schwer ist.

Ein Kernsatz des lösungsorientierten Ansatzes[11] lautet: »Nur wer das Problem hat, kennt auch die Lösung.« Genauer gesagt: Nur derjenige, den das Problem betrifft, entscheidet, welche Veränderung für ihn eine (Er-)Lösung ist. Das heißt nicht, dass lösungsorientierte Menschen immer sofort ein solches Ergebnis parat haben. Es geht vielmehr darum, den Spielraum zu erweitern und die Voraussetzungen dafür zu schaffen, dass kreative und innovative Ansätze überhaupt gedacht werden können. Doch häufig setzen wir uns selbst Grenzen und engen unser Denken ein. Wir tun so, als würden andere es uns unmöglich machen, uns anders zu verhalten. Wir machen uns selbst Vorwürfe, dass wir es nicht besser hinkriegen oder es so weit haben kommen lassen. Wir machen uns abhängig von den Erwartungen anderer und fallen zurück in die Verhaltensweisen von hilflosen oder trotzigen Kindern. Wir halten falsch verstandene Loyalität und antrainierte Reaktionen aufrecht, obwohl es in der aktuellen Situation weder sinnvoll noch angemessen ist. Solche Lösungsblockaden werden hoch wirksam, wenn wir Angst vor Neuem haben, wenn wir bestimmte Sichtweisen von vornherein ausschließen oder uns keinerlei unkonventionelle Handlungsweisen erlauben. Sie ersticken eine positive Veränderung schon im Keim. Sie drosseln die Energie und Begeisterung, die sonst in die anstehende Lösungsfindung fließen könnten.

Starke Emotionen und großer Stress lassen uns in einseitigem Denken verharren. Evolutionär gesehen bedeutet Stress Lebensgefahr und in diesem Moment muss schnell und eindeutig gehandelt werden, bis wir wieder außer Gefahr sind. Wer also seinen Lösungsspielraum erweitern will, muss erst seinen Stresspegel senken und seine Gefühle ins Gleichgewicht bringen. Andernfalls ist unser Gehirn gar nicht in der Lage, sich mehrere Ansätze parallel vorzustellen und sich erst dann für den in dieser Situation passenden zu entscheiden.

Lösungsorientiert zu sein bedeutet, den Rahmen der bisherigen Reaktionen auch mal zu überschreiten. Es ist hilfreich, sich das zunächst wenigstens gedanklich zu erlauben und der Wirkung erst einmal vorbehaltlos nachzuspüren. Es bedeutet, die eigene Fantasie anzuregen und auch die Einfälle anderer in Betracht zu ziehen, mögen sie auf den ersten Blick auch noch so abwegig wirken. Wer seinen Lösungsrahmen so weit steckt und im wahrsten Sinne des Wortes alles Mögliche zulässt, dem fällt am Ende die passende Lösung oft in den Schoß – ohne endlos Probleme zu wälzen und zu grübeln.

Resiliente Strategien

Selbstverantwortung übernehmen

Jochen W. versteht die Welt nicht mehr. Seit über 30 Jahren ist er Lehrer. Und nun erwartet Frau Meyer, die neue Schulleiterin von ihm, dass er sich bei Eltern entschuldigt, weil er angeblich sie und ihren Sohn schwer beleidigt hat. Weil er das überhaupt nicht einsieht, will sie ihn aus der Klasse nehmen, was für eine Demütigung! Die Klasse habe Angst vor ihm und müsse geschützt werden, meint Frau Meyer. Sie sollte lieber mal ihn vor diesen anmaßenden Schülern und Eltern schützen! Sein Bluthochdruck sei alarmierend, hat sein Arzt gesagt. Ist ja kein Wunder, bei der Aufregung. Jemand musste diesem Justin doch mal zeigen, wo der Hammer hängt – und nun fallen ihm alle in den Rücken.

In langen Gesprächen mit seiner Frau und mit Bernd, einem alten Freund und Kollegen, gelingt es Jochen, wieder Distanz zum Geschehen zu bekommen und die Opferrolle zu verlassen. Ihm wird schmerzlich bewusst, dass er sich in diesem Konflikt heillos verrannt hat. Bernd macht ihm klar, dass die Schulleiterin ihm auch Brücken bauen will, damit er mit Anstand aus der Sache herauskommt. Seine Frau findet bei allem Verständnis auch klare Worte: »Es tut mir in der Seele weh zu sehen, wie du dich selbst ins Aus schießt. Auch unsere Kinder und Enkel sind immer mehr genervt von deiner Rechthaberei. Merkst du gar nicht mehr, wie du alle Menschen in deiner Umgebung vor den Kopf stößt?« Dieser Ausbruch erschreckt ihn, macht ihm aber auch klar, wie er sich und anderen das Leben schwer macht mit seiner Unduldsamkeit und Verbissenheit.

Frau Meyer ist sehr froh darüber, als Jochen W. sich schließlich doch zugänglich zeigt. Sie schätzt ihn auch für das hohe Engagement, das sich hinter seinem Aufbrausen und seiner Sturheit verbirgt. Jetzt, wo er die Verantwortung für sein eigenes Handeln wieder übernimmt, wird es ihm wichtig, selbst mit der Klasse zu sprechen, in der ihn eine Kollegin seit dem Vorfall vertritt. »Es ist nicht gut gelaufen mit uns, das tut mir leid. Deshalb ist es wohl besser, wenn Frau H. euch auch weiter unterrichtet, damit ihr euch auf eure Prüfungen konzentrieren könnt.« Die versöhnliche Einladung der Klasse: »Aber Sie kommen doch zu unserer Abschlussfeier?« tut ihm gut und bestätigt ihn darin, dass es ein kluger Entschluss war, selbst noch einmal den Kontakt mit der Klasse aufzunehmen. Am Ende bedankt er sich sogar bei Frau Meyer dafür, dass sie bei allen Schwierigkeiten, die sie mit ihm hatte, immer bemüht war, eine Lösung zu finden, die ihn sein Gesicht wahren ließ.

Jochen W. steckt zunächst in der Opferrolle fest. Die Schuld für seine eigene Verfassung wie auch für den Konflikt sieht er ausschließlich bei anderen. Alle Angebote und Lösungsansätze betrachtet er als weiteren Affront. Die verfahrene Angelegenheit zu einem anderen Verlauf bringen kann er jedoch erst, als er für seinen Anteil Verantwortung übernimmt. Jochen W. versteht schließlich, dass es nicht nur am Verhalten anderer liegt, wenn er sich verrennt, sondern vor allem an seiner eigenen Verfassung. Heute achtet er darauf, frühzeitig gegenzusteuern, wenn er in die Opferhaltung zu gleiten droht, indem er (wieder) Verantwortung für seine Reaktionen übernimmt.

Selbstverantwortung zu übernehmen bedeutet, sich bewusst zu machen, dass jeder Mensch ein Recht auf seine eigenen Gedanken, Gefühle und Reaktionen hat und die Freiheit, sich für diese zu entscheiden. Was auch immer uns an Widrigkeiten begegnet, wir haben die Wahl, wie wir darauf reagieren. Die Verhältnisse, so unangenehm oder schmerzhaft sie sein mögen, zwingen niemanden, auf Dauer in Selbstmitleid zu versinken oder sich wehleidig zurückzuziehen. Kein anderer, so unangemessen er sich auch verhalten mag, bestimmt, dass wir uns ärgern oder aggressiv reagieren. Statt also die Ursache für unsere Gedanken, Gefühle und Reaktionen jemand anderem oder den Verhältnissen zuzuschieben, bringt es uns in punkto Resilienz weiter, die Verantwortung – und damit die Gestaltungsfreiheit – zu übernehmen.

Verantwortung ist immer da gefragt, wo Einflussmöglichkeiten bestehen. Je größer der Einfluss und der eigene Beitrag, desto größer auch die Verantwortung. Wir unterliegen alle bestimmten Rahmenbedingungen, die wir nicht unmittelbar ändern können. Für die haben wir allerdings auch keine Verantwortung – nur für unsere Art, damit umzugehen. Sie haben immer die Wahl, ob Sie bei jeder passenden und unpassenden Gelegenheit beklagen, dass der Gesetzgeber Ihnen diese Schulform oder jenes Curriculum vorschreibt, oder ob Sie diese Tatsachen mit Fassung tragen und im Rahmen Ihrer Möglichkeiten das Beste daraus machen. Natürlich kann es sinnvoll sein, diese Gegebenheiten transparent zu machen, beispielsweise den Eltern gegenüber, um dann gemeinsam nach Lösungen zu suchen, die unter den gegebenen Umständen funktionieren. Einfluss auf solche Gegebenheiten zu nehmen ist möglicherweise auch an anderer Stelle möglich, durch politisches Engagement oder die Mitwirkung in Berufsverbänden. Doch alles andere ist verschwendete Energie.

Unter Druck und Stress – in unserer gesellschaftlichen Wirklichkeit für viele ein Dauerzustand – verstricken sich die Beteiligten leicht in gegenseitigen Vorwürfen und Schuldzuweisungen, die negative Stimmung erzeugen und oft das eigentliche Anliegen vernebeln. In der Fixierung auf das, was bei den anderen nicht stimmt und was diese zuerst einmal ändern müssten, geht der eigene Beitrag an der Gesamtsituation völlig unter. Alle Beteiligten lehnen sich innerlich zurück und warten darauf, dass sich von anderer Seite etwas tut. Selbstverantwortung ernst zu nehmen bedeutet, sich bewusst zu machen, dass man über seine eigenen Reaktionen ganz allein entscheidet. Wer dagegen die Schuld für das eigene Denken und Tun anderen zuweist, macht sich abhängig und geht in die Opferfalle: Opfer fühlen sich machtlos ausgeliefert und nähren beharrlich die Vorstellung, dass sie selbst nichts an ihrer Lage tun können. Natürlich kommt es im Laufe des Lebens hin und wieder vor, dass wir – vorübergehend – in die Opferrolle geraten. Ereignisse, auf die wir keinen Einfluss haben, stellen unsere Pläne oder sogar unser Leben auf den Kopf. Wir müssen materielle oder ideelle Verluste verkraften, wir geraten an Wendepunkte, an denen wir einfach nicht mehr wissen, wie es weitergehen soll. Da ist es naheliegend, dass wir erst einmal klagen, hadern, trauern oder uns bemitleiden. Das passiert auch resilienten Menschen. Doch sie nehmen nach angemessener Zeit das Heft wieder in die Hand und besinnen sich auf ihre eigene Wirkkraft. Die Opferrolle zu verlassen heißt, nüchtern die Realitäten festzustellen, Verantwortung für das eigene Handeln (wieder) zu übernehmen und geeignete Veränderungen anzubahnen.

Andererseits sind wir nicht nur selbst verantwortlich für das, was wir tun, sondern genauso für das, was wir lassen. Menschen, die gewohnt sind, wie selbstverständlich die Erwartungen anderer zu erfüllen, fällt es schwer, damit aufzuhören, selbst wenn sie an die Grenzen ihrer Belastbarkeit kommen. Ihre Angst, sich unbeliebt zu machen oder einen Konflikt heraufzubeschwören, bremst sie darin, im richtigen Moment Nein oder Stopp zu sagen. Gerade Menschen mit hohem Verantwortungsbewusstsein vergessen manchmal, dass sie zuerst verantwortlich für sich selbst sind. Sie kümmern sich um alles und jeden und nehmen anderen sogar die Dinge aus der Hand. Während sie alle anderen zu entlasten versuchen, überfordern sie sich häufig selbst. Meist ist ihnen nicht bewusst, dass sie andere damit dominieren und gleichzeitig schwach machen. Unterstützung ist gut, wenn sie nötig und gewollt ist. Hilfe zur Selbsthilfe entlässt den anderen dann aber so schnell und so weit wie möglich wieder in seine Selbstbestimmung und Selbstverantwortung.

Wenn sie Selbstverantwortung und Selbstfürsorge ernst nehmen, meldet sich bei vielen Menschen das sprichwörtliche »schlechte Gewissen«. Ein schlechtes Gewissen mit sich zu schleppen ist eine unreife Reaktion, die klein und hilflos macht und einer mündigen Haltung als authentischer Erwachsener im Weg steht. Es ist verbunden mit oft diffusen Schuldgefühlen, mit dem Zweifel, ob wir in Ordnung sind, wie wir sind, mit der Sorge nicht das Richtige zu tun, mit der Angst vor den Schuldvorwürfen anderer und der Frage, ob diese berechtigt sein könnten. Ein gut ausgebildetes Gewissen ist ein Wegweiser, der uns darauf hinweist, dass eine Überprüfung unserer Werte ansteht. Als Erwachsener gilt es dann, eine Entscheidung zu fällen, zu dieser auch zu stehen und sie zu vertreten. In dem Moment, wo ich etwas bewusst tue, für das ich mich entschieden habe, verantworte ich auch die Konsequenzen. Ein schlechtes Gewissen ist dann völlig überflüssig und nicht mehr zieldienlich. Sie sind dafür verantwortlich, sich Ihre Werte – das, worauf es Ihnen ankommt im Leben – immer wieder bewusst zu machen, zu überprüfen und im Rahmen der gegebenen Einflussmöglichkeiten zu verwirklichen. Häufig jedoch lassen wir unser Handeln von den Werten anderer leiten, die wir so verinnerlicht haben, dass wir sie als die eigenen betrachten. Statt sich von solchen Introjekten bestimmen zu lassen, machen sich resiliente Menschen immer wieder bewusst, was ihre eigenen Lebensaufgaben und wiederkehrenden Themen sind, die sie zu klären haben und mit denen sie fertigwerden müssen. Geht es um Einsamkeit, um Scham, um Enttäuschungen? Diese Themen ohne Beschönigung anzuschauen, sich den Realitäten zu stellen und die Anforderungen zu meistern, das bedeutet, wirklich Verantwortung für sich selbst zu übernehmen. Wer seine Werte lebt und die Werte anderer Menschen achtet, sichert und erhöht im wahrsten Sinne des Wortes sein Selbst*wert*gefühl. Er ist kongruent und im Frieden mit sich.

Auch viele Lehrer quälen sich chronisch mit Schuldgefühlen, weil sie glauben, ihren Job nicht auf die Reihe zu kriegen und den vielen unterschiedlichen Erwartungen nicht entsprechen zu können. Mit alten, unverrückbaren Maßstäben und Leitsätzen im Gepäck leiden sie daran, dass sie die neuen Situationen nicht zur allseitigen Zufriedenheit handhaben können. Sie verlangen von sich, dass sie in der Lage sein müssten, konsequent umzusetzen, was sie erkannt haben. Doch für sie gilt dasselbe wie für ihre Schüler: Lernen ist ein Prozess, der keineswegs gradlinig verläuft, sondern immer wieder auch Durststrecken, Umwege und Rückschritte aufweist. Wer für sich selbst Verantwortung übernimmt, wird sich auch selbst führen. Führen bedeutet Potenziale erkennen, Entwicklung fördern, herausfordern und ermutigen. Es bedeutet auch, nachsichtig mit sich zu sein, wenn man wieder in alte Reaktionsmuster und Verhaltensweisen zurückgefallen ist. Wer sich das verzeihen kann, löst die Blockaden, die den wiederholten Neuanfang behindern. Es ist schwer zu sagen, wie viele Anläufe man durchschnittlich braucht, um neue Gewohnheiten zu automatisieren, doch es sind einige. Nur äußerst selten gelingt es, ein eingefahrenes Muster von heute auf morgen über Bord zu werfen. Und Gewohnheiten bilden wir nicht nur im Handeln, auch was unsere Gedanken und Gefühle angeht, haben wir eingefahrene Muster ausgebildet. Solange wir einen neuen Weg vor Augen haben, können wir die Weichen entsprechend stellen und wieder von vorne losgehen. Das ist das Verlassen der Opferrolle, das ist Selbstbestimmung und Freiheit.

Sich selbst regulieren

Susanne W. hat das Gefühl, an ihre Grenzen zu kommen. Es kostet sie immer mehr Kraft, ihren Ärger und ihre Wut nicht zu zeigen. Dabei würde sie ihrem Schulleiter am liebsten einmal rückhaltlos ins Gesicht sagen, was ihr seit Jahren stinkt. Und ihrer eingebildeten Kollegin, die sich immer ins beste Licht zu setzen weiß, würde sie gern die angeberische Maske vom Gesicht reißen. Neulich wäre ihr gegenüber einer Schülerin aus ihrer 8c um ein Haar die Hand ausgerutscht, sie konnte ihre blasierte Miene und ihren schnippischen Tonfall einfach nicht mehr ertragen. Susanne ist selbst so erschrocken über ihre immer häufiger aufflammende Aggressivität, dass sie sich streng zur Ordnung ruft und sich wieder einmal vornimmt, sich mehr am Riemen zu reißen.

Doch für eine gute Selbstregulierung ist Susanne nicht damit geholfen, die aufkeimende Aggressivität einfach zu unterdrücken und daraus resultierende unerwünschte Reaktionsweisen strikt zu unterbinden. Genauso wenig wie es Kolleginnen, die sich unter Druck eher frustriert und deprimiert fühlen, hilft, sich mehr Antrieb zu verordnen. Nicht die aggressiven oder depressiven Impulse an sich gilt es zu kontrollieren, sondern den unfreien oder destruktiven Umgang damit. Und das bedeutet zunächst einmal, sie nicht einfach zu bekämpfen, sondern sie zu registrieren und zu akzeptieren, dass sie da sind. Sie haben eine wichtige Funktion als Selbstregulativ, denn sie machen uns auf belastende, kränkende oder verbesserungswürdige Gegebenheiten aufmerksam und zeigen uns, dass wir noch keine zufriedenstellende Lösung gefunden haben, mit diesen umzugehen. Für Susanne W. heißt das, genauer auf das zu schauen, was sie so aufregt, belastet oder kränkt, dass es sie in eine schwache Gesamtverfassung bringt. Und es könnte sein, dass sie Antworten darauf nicht nur in der Schule findet. Der nächste

Schritt könnte sein, sich erst einmal wieder in eine bessere Verfassung zu bringen, indem sie sich auf ihren Selbstwert besinnt und sich von wohlmeinenden Menschen in ihrem Umfeld Zuspruch geben lässt. So gestärkt und ermutigt ist sie viel besser in der Lage, neue Verhaltensmuster auszuprobieren und zu üben, die ihre eigenen Gefühle beizeiten berücksichtigen und dennoch klug und professionell sind. Beispielsweise könnte sie eine Form finden, wie sie dem Schulleiter eine sachliche Rückmeldung über die Anlässe ihrer Unzufriedenheit zukommen lässt, die er aufnehmen und verwerten kann. Sie könnte überlegen, wie sie der Kollegin mit Bestimmtheit mitteilt, wann sie ihre Ruhe haben möchte und wann sie worüber mit ihr sprechen möchte. Oder sie könnte sich ihre eigenen Erfolgserlebnisse bewusst machen, wodurch der Auftritt der Kollegin unter Umständen gar nicht mehr so wichtig und beeinträchtigend für sie ist. In ihrer besten Verfassung wüsste sie, wie sie unbeeindruckt von Tonfall und Mimik der Schülerin inhaltliche Notwendigkeiten mit ihr besprechen kann. Vielleicht würde es Susanne auch am schnellsten wieder in Balance bringen, wenn sie ihrer anspruchsvollen Mutter klarmacht, dass sie höchstens einmal in der Woche mit ihr telefonieren möchte. Jede einzelne dieser Veränderungen stärkt eine Gemütslage, die gelöstes und selbstbestimmtes Handeln fördert und die persönliche Stabilität erhöht.

Sich selbst angemessen regulieren zu können ist eine hohe Kunst und gleichzeitig eine notwendige Voraussetzung für Widerstandsfähigkeit und Gesundheit. Es bedeutet keineswegs, seine Impulse und Emotionen rigoros zu unterdrücken. Es bedeutet, diese sowohl den äußeren Erfordernissen als auch den persönlichen Bedürfnissen entsprechend steuern zu können. Selbstregulierung ist also nicht zu verwechseln mit ständiger Disziplinierung und Beherrschung. Es geht vielmehr um die Fähigkeit, die ganze Bandbreite der eigenen Gefühle wahrzunehmen und auszudrücken und aufkommende Impulsivität in Bahnen zu lenken, die keinen Schaden anrichten, sondern lebendig und gesund sind. Dafür müssen wir immer wieder zwischen den Funktionen der linken und rechten Hirnhälfte hin- und herwechseln können. Die kognitiven Funktionen sind nämlich gekoppelt an ganz bestimmte Gefühlszustände[12] und beide sind für eine gute Selbstregulierung auszubalancieren. Mit den Funktionen der rechten Hirnhälfte nehmen wir Atmosphären und Bilder wahr, erfassen komplexe Situationen in ihrer Gesamtheit, greifen auf unsere gesamte Lebenserfahrung zurück und handeln intuitiv und spontan. Gleichzeitig erzeugt und verstärkt dieses Denken Zustände von Begeisterung, überschwängliche Hochstimmung sowie Selbstvertrauen und Mut. Damit haben wir guten Zugang zu unserem internen Belohnungssystem und zur Selbstmotivierung. Mit den Funktionen der linken Hirnhälfte nehmen wir Details wie Fehler, Risiken und Ungereimtheiten wahr, finden logische Erklärungen für Vorkommnisse und Gegebenheiten und entwickeln analytische und stringente Pläne für unsere Vorhaben. Gleichzeitig erzeugt und verstärkt dieses Denken Zustände von Angst, Unsicherheit, Ärger sowie nüchterne objektive Sachlichkeit. Damit haben wir offenen Zugang zu unserem internen Kritiksystem und zur Selbstdisziplinierung. Diese Funktion wird in unserem Schulsystem wesentlich häufiger und stärker aktiviert.

Das trifft natürlich auch auf die Lehrpersonen selbst zu. Daher ist für sie im Hinblick auf eine ausbalancierte Selbstregulierung die Frage ausschlaggebend, wie sie sich selbst motivieren können. Die meisten Lehrpersonen befassen sich in erster Linie damit, wie sie ihre Schüler motivieren können. Viele sind es leid, ihre Schüler ständig motivieren zu sollen oder zu müssen. Von daher wissen sie nur zu gut, wie mühsam und manchmal auch chancenlos der Versuch ist, allein durch äußere Anreize zu motivieren. Über dieser Kärrnerarbeit vernachlässigen es viele Lehrpersonen, ihre eigene Motivation zu wecken, sie zu entfalten und zu pflegen. Nicht selten bleibt sie im Lauf der Zeit auf der Strecke.

Selbstmotivierung wird in Gang gesetzt durch Neugier und Freude an einer Sache. Es gilt also herauszufinden und zu würdigen, was Sie an Ihrem Beruf begeistert und was Ihnen Freude an Ihrer Tätigkeit bereitet. Diese Anziehungskraft will – wie bei einem Menschen, der uns auf Dauer fasziniert – immer wieder neu entdeckt und gepflegt werden, damit sie ihre volle Wirksamkeit entfalten kann. Wer von ihr beseelt ist, ist viel weniger darauf angewiesen, »draußen« etwas zu finden, das ihn für seine Mühen entschädigt. Wie Lehrende nur zu gut wissen, haben diese sekundären Anreize und Belohnungen durchaus eine Wirkung, allerdings eher eine antreibende als eine beflügelnde. Sich einen Wellnesstag gönnen oder sich etwas Neues kaufen, sich mit Essen belohnen oder mit einem Konzertbesuch kann das Durchhaltevermögen steigern und das Gefühl vermitteln, sich diese Entschädigung wirklich verdient zu haben. Allerdings ist diese Genugtuung in der Regel sehr kurzlebig. Denn: »Nach dem Spiel ist vor dem Spiel.« Danach geht die Plackerei von vorne los. Wer hingegen mit etwas beschäftigt ist, das ihm Freude bereitet, ihn anspricht und interessiert, den strengt die Arbeit viel weniger an. Die »Belohnung« stellt sich von selbst ein. Eindrücke wie: »Das ist ja interessant!«, Erfahrungen wie: »Das läuft besser als erwartet« oder Absichten wie: »So könnte ich das auch mal probieren« geben Schwung und lassen Energie fließen. Ein bejahendes Selbstbild – »Ich kriege das hin, auch wenn nicht alles glatt läuft« – und die anerkennende Rückmeldung von anderen (»Sie trauen mir das zu« oder »Sie lernen viel bei mir«) unterstützen natürlich die Eigenmotivation. Doch wenn Sie erst einmal wissensdurstig, angeregt und beschwingt bei der Sache sind, sind Sie nicht auf die Bestätigung von außen angewiesen, um ihre Energie zu halten. So ist der Anreiz für Ihre Schüler noch ein Zusatznutzen, der quasi nebenbei entsteht. Denn es gibt kaum etwas Ansteckenderes als einen Menschen, der selber von dem überzeugt und begeistert ist, was er vermitteln will (was nicht heißt, dass dies in jedem Fall auf fruchtbaren Boden fallen muss).

Eine weitere Voraussetzung für eine gelingende Selbstregulierung ist die Fähigkeit, die ganze Bandbreite der eigenen Gefühle und Affekte wahrzunehmen, auszudrücken und zu steuern. Viele Menschen unterscheiden auf die Frage, wie es ihnen geht, nur zwischen gut und schlecht oder »neutral«, was so viel heißt wie »weder noch«. Die Unterscheidung zwischen gut und schlecht signalisiert eher eine Wertung, als dass sie eine Gefühlslage beschreibt. Emotionen und Impulse sind aber nicht gut oder schlecht, sie sind einfach da, als Teil unserer Person, und sie stehen im Zusammenhang mit unserer Wahrnehmung, unserem Denken und Verhalten. Auch Gefühle, die uns auf den ersten Blick nicht wünschenswert erscheinen, haben eine bedeutsame Funktion. Ebenso können solche Gefühle, von denen wir mehr haben möchten, je nach Situation auch eine irritierende Wirkung haben. Überschäumende Freude kann hinderlich sein, wenn ich mich auf eine anspruchsvolle Aufgabe konzentrieren will. Angst und Unsicherheit können signalisieren, dass ich in bestimmten Situationen (mehr) Schutz brauche und mich darum kümmern sollte. Traurigkeit kann mich darauf hinweisen, dass ich gerade einen Verlust zu verkraften habe und dass dieser Verarbeitungsprozess meiner Aufmerksamkeit bedarf. Gefühle in gute und schlechte zu sortieren ist also genauso wenig hilfreich, wie sie zu übergehen oder unterdrücken zu wollen. Vielmehr kommt es darauf an, diese Emotionen situationsangemessen regulieren zu können. Das gelingt umso leichter, je differenzierter ich sie wahrnehmen kann und je vielfältiger meine Strategien sind, zielführend mit ihnen umzugehen.

Um in Balance zu kommen, brauchen Körper, Geist und Seele neben Phasen strukturierter Arbeit, ambitionierter Herausforderung und zielorientierten Handelns auch ausreichend Gelegenheit zur Entspannung und zum Genießen. Tagträume, Meditation, Bewegung in angemessener Form und wohltuende Beziehungen bringen einen gesunden Ausgleich. Doch wer kennt es nicht? Eine Klassenkonferenz wird kurzfristig eingeschoben, die Schüler warten auf die überfällige Korrektur der Klassenarbeit, zu Hause erwartet die Familie Zuwendung und Aufmerksamkeit, die alten Eltern brauchen immer mehr Unterstützung. So bleiben die eigenen Bedürfnisse wie ausruhen, ins Kino gehen oder Sport treiben wieder einmal auf der Strecke. Der Körper sendet schon verschiedene Signale in Form von Verspannungen, Schmerzen oder Beschwerden, um mitzuteilen, dass es höchste Zeit ist für eine Pause oder sogar eine Kurskorrektur. Doch diese Signale werden kaum wahrgenommen oder übergangen, die Selbstfürsorge verschoben auf irgendwann einmal. Häufig ist in diesem Zusammenhang die Rede von der Notwendigkeit einer ausgewogenen Work-Life-Balance. Darum geht es aber gar nicht! Der Begriff ist schon an sich irreführend, legt er doch nahe, dass Arbeit und Leben die zwei Komponenten sind, zwischen denen ein Ausgleich hergestellt werden muss. Die meisten Menschen, besonders die, die sich für einen anspruchsvollen Beruf entschieden haben, betrachten Arbeit als einen Teil ihres Lebens. Und das zu Recht: Schließlich streben sie im Berufsleben neben der finanziellen Existenzsicherung auch Sinnhaftigkeit, Anerkennung und Kompetenz an. Es ist keineswegs so, als müssten oder könnten sich alle Menschen in der »Restzeit«, die nach der Arbeitszeit übrig bleibt, von ihrer beruflichen Arbeit erholen. Nicht wenige erleben gerade durch den Beruf eine Erholung von belastenden privaten Situationen wie familiäre Konflikte, fordernde bis überfordernde Angehörige oder bedrückende Verhältnisse wie Einsamkeit oder Ängste. Und es gibt Menschen, die arbeiten aus freien Stücken sehr viel und ziehen gerade daraus permanent Energie. Sie fühlen sich wohl, haben überhaupt nicht das Gefühl, emotional oder seelisch im Ungleichgewicht zu sein. Es geht nicht grundsätzlich um die Pole Arbeit und »Frei«-Zeit, die für die meisten gar nicht so frei ist, sondern mit vielen Pflichten und Verpflichtungen belegt. Es geht um Energie, um Freude am Tun, um die Balance zwischen Anspannung und Erholung. Das kann es auch innerhalb der Arbeit geben. Wer jedoch übermäßig lange in der Problem- und Fehleranalyse verharrt, immer bis ins Detail perfekte Ergebnisse liefern oder allen Erwartungen gerecht werden will, braucht sich über schlechte Stimmung und Unlust nicht zu wundern. Andere verlieren vor lauter Aktionismus und Impulsivität anstehende Notwendigkeiten aus den Augen, vernachlässigen Struktur und Zielgerichtetheit und lassen ihre Energie in zufälligen Aktivitäten versickern. Am Ende fühlen sie sich erschöpft. Sie haben das Gefühl, viel getan und nichts geschafft zu haben.

Eine Schieflage in der Selbstregulierung wird aber nicht nur durch zu große oder zu viele Belastungen verursacht. Auch eine ständig aufwärtsgehende Erfolgsspirale hat ihre Tücken. Wen die Glückshormone des Erfolgs überschwemmen, der verliert leicht aus den Augen, was ihn selbst eigentlich zufriedenstellt und vor lauter Zielstrebigkeit und Geschäftigkeit verloren zu gehen droht. Die neuesten Erkenntnisse der Hirnforschung zeigen, dass Menschen, die ihre persönlichen Grundmotive kennen und verfolgen, grundsätzlich zufriedener und stabiler sind. Zu diesen Grundmotiven gehören soziale Kontakte, Steigerung der Kompetenz, Verwirklichung eigener Interessen sowie die freie Selbstentfaltung. Was uns ausfüllt, ohne uns zu erschöpfen, liegt also schon in uns. Wir müssen es nur ergreifen und anderes loslassen. Das Geheimnis gelungener Selbstregulierung liegt also darin, immer wieder eine wohltuende Balance herzustellen zwischen Anspannung und Entspannung, zwischen Tätigkeit und Pause, zwischen Anstrengung und Genuss, zwischen Intuition und Vernunft, zwischen Gefühl und Sachlichkeit, zwischen Tun und Lassen. Die meisten Menschen neigen dazu, jeweils eine Seite zu übertreiben und so aus dem Gleichgewicht zu kommen.

Energiequellen und Energiefresser im Gleichgewicht zu halten ist langfristig eine Voraussetzung für Gesundheit und Wohlbefinden und daher eine permanente Lebensaufgabe.

Beziehungen gestalten

Ariane M. versteht sich selbst nicht. Gerade hat sie eine Kollegin, die nachfragte, wie es auf der Klassenfahrt war, vor den Kopf gestoßen mit den patzigen Worten: »Wie soll's schon gewesen sein, das interessiert doch keinen!« Dabei ist sie gern mit Kollegen in persönlichem Kontakt. Doch heute ist ihre Stimmung auf dem Nullpunkt. Die vergangene Woche im Schullandheim war sehr anstrengend. Sie hatte sich so darauf gefreut, diese Zeit mit ihrer Klasse zu verbringen und einander auch von anderen Seiten kennenzulernen. Doch schon im Vorfeld war es mühsam. Ariane erlebte die Eltern einerseits unsicher und ängstlich ob der Trennung von ihrem Kind, andererseits sehr fordernd hinsichtlich ihrer Erwartungen an die begleitenden Lehrer. Sie führte viele Gespräche und Telefonate, um die verschiedensten Bedenken zu zerstreuen und auf alle Fragen und Zweifel individuell einzugehen. Auch einige Kinder forderten sie sehr mit ständigen Streitereien oder Sonderwünschen. Doch Ariane hat alles drangesetzt, dass am Ende alle zufriedengestellt waren. Sie hatten viel zusammen erlebt und eine gute Zeit miteinander. Daher hatte Ariane sich schon auf die Reaktion der Eltern gefreut. Wenn sie ihre Kinder fröhlich und gesund in Empfang nehmen würden, wären sicher auch die skeptischen unter ihnen von ihren pädagogischen Qualitäten überzeugt. Doch als der Bus vor der Schule hielt, stürmten die Kinder nach draußen, die Eltern griffen in dem Durcheinander nach dem Gepäck und ziemlich schnell waren alle verschwunden. Kein persönlicher Gruß, kein Dankeschön. Allein auf dem Parkplatz fühlte Ariane sich ziemlich verloren. Die ganze Woche war sie Ansprechpartnerin bei allen großen und kleinen Schwierigkeiten der Kinder gewesen, und jetzt schien sie überflüssig zu sein. Gleich am Montag hat sie dann Unterricht in ihrer Klasse. Sie setzt ein fröhliches Gesicht auf. Dass auf ihr »Guten Morgen« nur der übliche Gruß folgt, ist eine weitere Enttäuschung. Im Stillen hat sie gehofft, dass sie am Freitag nur über der Wiedersehensfreude vergessen wurde und jetzt doch noch ein kleines Dankeschön kommt. Enttäuscht beginnt sie mit der neuen Unterrichtseinheit. Als sie zur Pause an zwei Schülerinnen vorbeigeht, sagt eine: »Das war richtig schön in Ederburg, Frau M.« Ariane nickt zwar lächelnd, hat aber einen dicken Kloß im Hals.

Ariane leidet und ist unglücklich, weil sie nicht trennt zwischen persönlichen Bedürfnissen und privaten und beruflichen Beziehungen. In einem Beruf, der Beziehungsfähigkeit erfordert, ist das gerade für Menschen mit einem starken Beziehungsmotiv diffizil und heikel. So vermischt sich das Bedürfnis nach persönlicher Nähe mit dem Wunsch, geliebt zu werden, und dem Anspruch, alle Erwartungen zu erfüllen und dafür Anerkennung zu erfahren. Die Enttäuschung darüber, dass diese unbewusste Rechnung nicht aufgeht, trübt die Wahrnehmung für die Gelegenheiten, wo Kontakt und Beziehung möglich wären und sogar angeboten werden.

Beziehungen zu anderen Menschen können eine sprudelnde Quelle für Zuversicht, Energie und Tatkraft sein. Die Resilienzforschung hat gezeigt, dass Netzwerke unterschiedlicher Natur – vom familiären Kreis über soziale Gruppierungen bis hin zu übergreifenden Verbänden – ein stabilisierender Faktor in belastenden und fordernden Lebenslagen sind. Sie vermitteln Zugehörigkeit und das Vertrauen, aufgehoben zu sein. Aus der Verbundenheit mit anderen Menschen erwächst die Kraft und die Zuversicht, auch schwere Zeiten zu überstehen. Die Gewissheit, nicht alleine dazustehen und von anderen Rückenstärkung zu erfahren, ist beruhigend und ermutigend zugleich. Für die Bewältigung von Krisen und Leidenssituationen spielt es eine große Rolle, Menschen zu haben, die Verständnis aufbringen, trösten und Beistand leisten.

Solche tragfähigen Beziehungen wollen aufgebaut und gepflegt werden. Empathie und soziale Kompetenz sind gefragt, die Fähigkeit, Kontakte zu knüpfen, mit anderen Menschen Beziehungen aufzunehmen und Freundschaft zu schließen. Ehrliche Kontakte, die getragen sind von gegenseitigem Respekt, Wertschätzung und Gleichwürdigkeit erzeugen Synergie-Effekte und stärken unsere Resilienz. Beziehungsfähigkeit ist eine Kernkompetenz, die bedeutsam ist für die private Zufriedenheit und für das Bestehen in der Gesellschaft. Bei Lehrenden sind tragende und unterstützende Beziehungen von großer Wichtigkeit für die Erfüllung ihrer beruflichen Aufgaben.

Lehrende arbeiten mit Schülern unterschiedlichen Alters, unterschiedlicher Herkunft, Kultur und Persönlichkeit. Das Gestalten von Beziehungen ist Teil ihrer Aufgabe und gleichzeitig eine grundlegende Voraussetzung dafür. Ob ihr Tun erfolgreich ist, hängt zu einem großen Teil von ihrer Fähigkeit ab, differenziert auf die einzelnen Schüler und die heterogene Gruppierung einzugehen und die Beziehungsebene von ihrer Seite aus so zu gestalten, dass Lernen ermöglicht, erleichtert und intensiviert wird. Was sie dazu in erster Linie brauchen, ist eine Haltung von Authentizität, Wertschätzung für ihr Gegenüber sowie differenzierte kommunikative Fähigkeiten. Zum einen haben sie ihre eigenen Botschaften klar und respektvoll zu vermitteln. Zum anderen ist es ihre Aufgabe auch ihre Schüler darin zu unterstützen, die eigenen Anliegen zu formulieren, auch wenn sie ihnen inhaltlich nicht gefallen. Der dänische Familientherapeut Jesper Juul nennt dies einen »gleichwürdigen Dialog«: »Das bedeutet nichts anderes, als dass man sich zusammensetzt und neugierig darauf ist, was der andere zu sagen hat, ohne selbst eine bestimmte Absicht oder ein konkretes Ziel zu verfolgen.«[13] Das setzt die Bereitschaft voraus, aktiv und respektvoll zuzuhören und den anderen dabei auf keinen Fall zu bevormunden, abzuwerten oder gar lächerlich zu machen.

Über die heterogene Gruppe ihrer Schüler hinaus stehen Lehrpersonen beruflich auch ständig in Beziehung zu einer Vielzahl von Eltern und zu anderen Berufsgruppen, vor allem aber auch zu Vorgesetzten und Kollegen. All diese Menschen haben ganz unterschiedliche Bedürfnisse nach Nähe oder Distanz. Dazu kommen bei vielen noch vielfältige private Beziehungen, von losen sozialen Kontakten bis hin zu engen Verbindungen mit Freunden und Familienmitgliedern.

Berufliche, soziale und familiäre Beziehungen erfüllen ganz unterschiedliche Funktionen. Sie werden manchmal von Erwartungen überfrachtet. Wer nicht unterscheiden kann, was eine Beziehung leisten kann und was nicht, wird früher oder später enttäuscht und frustriert sein. Wenn wir hingegen aufhören, etwas ganz Bestimmtes von anderen zu erwarten, bekommen wir mehr, als wir uns erträumt haben.

Lehrkräfte haben per se ein reiches Angebot an Beziehungen zur Verfügung. Die Kunst besteht darin, diese Vielfalt so zu gestalten, dass sie überwiegend stärken und nicht überlasten oder auslaugen.

Manchmal saugen einzelne Beziehungen oder Netzwerke wesentlich mehr Energie ab, als sie langfristig zu geben vermögen. Gerade Lehrpersonen, die beruflich viel Beziehungsarbeit leisten – wobei ihnen häufig zum größeren Teil der Part der Gebenden oder zumindest aktiv Gestaltenden zukommt –, fühlen sich nach Dienstschluss oft emotional ausgequetscht. Sie können nur schwer umschalten von der professionellen in die private Rolle, die ja ganz anders sein kann. Manche nehmen unterstützende Beziehungen so selbstverständlich, dass sie ihnen nicht ausreichend Wertschätzung entgegenbringen. Andere gehen so in ihrem reichen Beziehungsnetz auf, dass sie damit überfordert sind, ihre persönlichen Wünsche und Vorstellungen deutlich zu machen und ihre eigenen Grenzen zu setzen. Sie erwarten, dass die anderen stillschweigend merken und ihnen verschaffen, was sie brauchen. Wieder andere verlieren sich in der Sehnsucht nach idealen Beziehungen, in denen man sich ganz und gar angenommen fühlt und in denen es keine Zurückweisung und keine Konflikte gibt. Darüber vernachlässigen sie naheliegende Beziehungen, die durchaus entwicklungsfähig wären. Es ist ein Teil der emotionalen Intelligenz zu lernen, welche Beziehungen Halt und Stütze geben und welche uns eher belasten oder sogar unser positives Selbstbild untergraben.

Zukunft gestalten

»Wie soll das denn funktionieren? Das ist doch nichts Halbes und nichts Ganzes. Als ob alles Mist gewesen wäre, was wir bis jetzt gemacht haben! Und jetzt wird das alles über den Haufen geworfen, ohne dass ein vernünftiges Konzept da ist, das Hand und Fuß hat. Da ist doch nichts zu Ende gedacht, und wir stehen nachher da mit unserem Talent und sollen mal wieder sehen, wie wir die Kuh vom Eis holen. Da oben werden große Ideen ausgespuckt, mit denen man sich politisch wichtig machen kann, aber ausbaden müssen es mal wieder wir Lehrer – und letztlich unsere Schüler.«

Gabi Z. verlässt aufgebracht die Konferenz. Draußen weicht ihre Empörung Niedergeschlagenheit und Resignation, doch das Herzklopfen bleibt. Die Schule macht ihr keinen Spaß mehr. Immer deutlicher kommt sie zu dem Schluss, dass die Reformen und politischen Entscheidungen der Schulbehörde pädagogisch nicht sinnvoll sind, ihr aber das Letzte abverlangen. Sobald Gabi an die kürzlich beschlossene Inklusion denkt, hat sie schwerstbehinderte Schüler vor Augen. Panik macht sich in ihr breit. Sie befürchtet, diesen in keiner Weise gerecht werden zu können, und dem Rest der Klasse auch nicht mehr. Mit allen Mitteln wehrt sie sich auch gegen die Umwandlung ihrer Realschule in eine Oberschule. Gabi ist jedoch klar, dass sie diese Entwicklung nicht aufhalten wird. Bei vielen ihrer jüngeren Kollegen verhallen ihre Einwände und Appelle ungehört, einigen scheinen sie sogar gehörig auf die Nerven zu gehen. Sie sehen dem Ganzen unbeeindruckt oder sogar erwartungsfroh entgegen. Umso unterlegener und hilfloser fühlt Gabi sich – auf verlorenem Posten. Zwar hat sie in ihren fast dreißig Berufsjahren schon so manche knifflige Situation gemeistert und viele gute Prozesse auf den Weg gebracht. Doch jetzt glaubt sie, mit ihrem Latein und ihren Kräften am Ende zu sein. Mit großer Anstrengung schleppt sie sich in die Schule und zieht ihren Unterricht nur noch kraftlos durch. Das ist nicht mehr ihre Welt, ihre Schule, für die sie sich immer stark gemacht hat. Sie denkt jetzt häufiger über die Möglichkeiten des vorzeitigen Ruhestands nach, doch bis dahin hätte sie immer noch einige Jahre auszuhalten. Und sie weiß, dass es eine Flucht wäre und keine freie Entscheidung, denn im Grunde fühlt sie sich noch gar nicht als Pensionärin. Doch das Gefühl nagt, dass ihr die Arbeit immer schwerer gemacht wird, und es bleiben die Zweifel, ob sie den steigenden Anforderungen noch gewachsen ist.

Weil Gabi sich keine konkreten Vorstellungen davon machen kann, wie ihre eigene Zukunft und die ihrer Schule aussehen wird, klammert sie sich verzweifelt an die Strukturen der Vergangenheit. Dabei verfügt sie über viele Fähigkeiten, um jetzt die Weichen so zu stellen, dass die Zukunft ihr auch Positives bringen kann. Doch ihre Ängste verstellen ihr den Zugang und lassen sie im Widerstand verharren. Ihr vertrauter Kollege Benno spricht ihr öfter Mut zu. Er ruft ihr in Erinnerung, was sie als erfahrene und engagierte Lehrerin schon alles neu- oder umgestaltet hat, von dem sie vorher auch nicht wusste, wie es im Einzelnen werden würde. Vieles davon, erinnert Benno sie, hat sich schließlich auch zum Guten für alle Beteiligten entwickelt. Das macht Gabi wieder bewusst, wie viel Veränderungskraft sie schon unter Beweis gestellt hat, und schenkt ihr mehr Vertrauen, auch die Herausforderungen der Zukunft meistern zu können. So lässt sich die augenblickliche Ungewissheit besser aushalten. Benno tut noch ein Weiteres: Der Schulleitung legt er nahe, Gabis grundsätzliche Einsatzbereitschaft stärker zu würdigen, ihre Bedenken nicht einfach abzuwiegeln, sondern anzuhören, und die darin enthaltenen Ansätze für eine ausgereiftere Konzeption zu nutzen. So wird Gabi nicht *trotz* ihres Widerstandes, sondern *mit* ihren Bedenken eingebunden in den Umgestaltungsprozess. Sie kann ihre Erfahrungen konstruktiv einbringen, um daran mitzuwirken, wie Bewährtes an die neue Situation angepasst werden kann. Das nimmt Gabi einen Teil ihrer Zukunftsängste und lässt ihren Widerstand bröckeln. Die Aktivierung ihrer Veränderungsfähigkeit gibt ihr neue Energie. Es fällt ihr wieder leichter, die Dinge gelassen auf sich zukommen zu lassen, ohne dass schon alles im Einzelnen geregelt ist. Da sie sich durch die gemeinsame Vorbereitung innerlich auf das Kommende einstellen kann, gewinnt sie das Vertrauen zurück, dass sie im konkreten Fall flexibel und angemessen reagieren kann. Schließlich ist sie ein alter Hase, wie Benno immer sagt.

Obwohl wir hier vergleichsweise in sehr geschützten Verhältnissen leben, nähren viele Deutsche ihre Zukunftsängste und klammern sich an vermeintliche Sicherheiten der Gegenwart oder Vergangenheit. Resiliente Menschen hingegen richten ihre Aufmerksamkeit und Handlungsenergie auf die Zukunft, gerade wenn sie die Gegenwart als schwierig oder belastend erleben. Ihnen ist bewusst, dass die Vergangenheit etwas ist, was sie nicht mehr ändern können. Was sie aber sehr wohl beeinflussen können, ist ihre Zukunft. Und so hegen sie in schweren Zeiten die Gewissheit, dass sie eine

Zukunft haben. Sie sind zuversichtlich, dass diese besser aussehen kann als das bisherige oder aktuelle. Alles, was wir heute tun oder lassen, hat Einfluss auf unsere Zukunft. Wer sich über seine Ziele klar wird und sie verfolgt, gestaltet bewusst seine Zukunft. Sich immer wieder vor seinem inneren Auge auszumalen, was und wie es werden soll, schafft magnetische Anziehungspunkte für das gegenwärtige Handeln. Menschen, die sich keine positive Zukunft für sich selbst vorstellen können oder glauben, dass die Welt ihnen gegenüber feindlich oder gleichgültig ist, sind anfällig für Depressionen, Angstzustände und Verzweiflung. Resiliente Kinder haben gezeigt, dass sie Zukunftspläne machen, die realistisch, positiv und erreichbar sind. Erfüllt von Hoffnung und Vorfreude setzen sie sich Ziele. Sie entwickeln den Ehrgeiz und die Überzeugung, dass sich diese Anstrengung lohnt. Eine Basis für eine hoffnungsfrohe Ausrichtung auf die Zukunft und die Erfüllung ihrer Pläne und Ziele ist ein realistischer Optimismus.

Für eine selbstbestimmte Zukunftsgestaltung gilt es von Zeit zu Zeit kritisch zu überprüfen, was dem eigenen Leben Sinn gibt und es bereichert, und was nicht (mehr) zu den persönlichen Zielen und Werten passt. Proaktiv die Zukunft zu gestalten heißt auch, vorauszuschauen, mögliche Alternativen zu bedenken und eventuelle Szenarien durchzuspielen, bevor sie eintreten. So wird man zumindest von vorhersehbaren Veränderungen nicht vollends überrascht und kann souverän und besonnen reagieren. Sicher ist es von Vorteil, flexibel und offen zu sein für das, was noch geschehen wird. Doch die Zukunft einfach auf sich zukommen zu lassen lässt einen leicht zum Spielball anderer Interessen werden und macht die eigenen Aktivitäten beliebig. Gerade wenn wir die aktuelle Situation als unbefriedigend oder belastend empfinden, ist es an der Zeit, gezielt und systematisch bessere Alternativen in die Wege zu leiten. Manche Menschen haben so viele Eisen im Feuer, dass sie ohne Plan und Ziel unterwegs sind. Ihre Zeit ist ausgefüllt, aber sie kommen nie an einen Punkt, der sie zufrieden macht. Hetze und ständiger Wechsel der Aktivitäten machen sie rastlos und konfus. Sie brauchen eine klare Ausrichtung auf das, was ihnen wichtig ist, um auf Möglichkeiten verzichten zu können, die im Augenblick attraktiv erscheinen, ihnen aber auf längere Sicht nichts bringen. Andere versuchen, weitreichenden Entscheidungen über ihre Zukunft erst einmal auszuweichen oder sie aufzuschieben. Manchmal reicht es dann aus, sich genügend Informationen über die möglichen Alternativen zu verschaffen. Möglicherweise müssen sie sich aber auch erst einmal über ihre Herzenswünsche und Neigungen klarwerden, bevor sie reif für eine realistische Zukunftsplanung sind.

Für Lehrkräfte im staatlichen Schulsystem scheint eine individuelle berufliche Zukunftsgestaltung auf den ersten Blick keine Notwendigkeit zu sein. Sind sie einmal im System etabliert, geht alles seinen Gang, und wer nicht auf eine Beförderung aus ist, kann es einfach laufen lassen. Veränderungen sind nur noch von außen zu erwarten und lösen im Fall des Falles manchmal heftige Ablehnung und Gegenwehr aus, weil man nicht auf Wandel eingestellt ist. Doch wer sich keine persönlichen Ziele (mehr) setzt, muss ständig gegen Unlust und Antriebslosigkeit ankämpfen. Denn Energie bekommen wir, indem wir uns etwas für uns Bedeutungsvolles und Lohnendes vornehmen und darauf hinsteuern. Damit geben wir unserem Tun Sinn und Richtung. Ohne eigene Ausrichtung erhält das, was wir tun oder lassen, den Charakter der Beliebigkeit. Wer sich nicht über seine wichtigsten Lebensziele im Klaren ist und nicht bedenkt, welche Konsequenzen mit bestimmten Entscheidungen verbunden sind, läuft Gefahr, irgendwo zu landen, wo er gar nicht hinwollte. Doch wenn man bereit, ist sich von den Fehlentscheidungen der Vergangenheit nicht die Zukunft verbauen zu lassen, ist eine Kurskorrektur jederzeit möglich.

Resiliente Grundhaltungen und Strategien im Einklang entfachen

Mit der Verbreitung der Ergebnisse der Resilienzforschung ist nicht nur bei Pädagogen und Erziehenden, sondern auch bei Arbeitgebern das Interesse daran gewachsen, wie sie anderen Menschen Resilienz vermitteln oder zumindest deren Resilienzentwicklung fördern können. In Personalabteilungen, in pädagogischen Einrichtungen wie auch in Familien will man wissen, wie man es schafft, diejenigen stark zu machen, um die es geht. Die Motive dafür sind durchaus unterschiedlich. Manche möchten, dass ihre Kinder, Schüler oder Mitarbeiter gut gerüstet sind für die Widrigkeiten des Lebens. Andere verbinden damit eher die Zielsetzung, dass die Betreffenden weniger Frust und weniger Widerstand zeigen angesichts der Erwartungen und Forderungen, die an sie gestellt werden. Manche Führungskräfte glauben, wenn sie in die Resilienz ihrer Mitarbeiter investieren, würden diese alle strukturellen Veränderungen und Einschnitte, die ihnen zugemutet werden, klaglos hinnehmen und das Beste daraus machen. Doch das ist ein Trugschluss. Resilienz bedeutet keineswegs widerstandslose Anpassung an Veränderungen oder Zumutungen von außen, Resilienz bedeutet aber auch nicht Abgrenzung und Widerstand um jeden Preis.

Resilienz weckt unsere inneren Kräfte. Sie ist ein Mix aus Widerstandskraft, Anpassungskraft und Veränderungskraft. Widerstandskraft aktivieren wir, um nicht umzukippen, um uns von den Wellen des Lebens nicht aus der Bahn werfen zu lassen und um Ausdauer und Beharrungsvermögen hervorzubringen. Das allein macht aber noch nicht resilient. Bäume, die nur widerstehen, brechen irgendwann, wenn der Sturm sich nicht legen will. Wir brauchen auch Anpassungskraft, um uns mit den Verhältnissen, die wir – zumindest unmittelbar – nicht ändern können, zu arrangieren und unter den gegebenen Umständen das Beste daraus zu machen. Und wir brauchen Veränderungskraft, um auch selbst Veränderung initiieren zu können, wo sie wünschenswert oder notwendig ist. Das sind die Kräfte, die wir für eine aktive Führung brauchen, in einem guten Wechsel aufeinander abgestimmt, mal mehr von der einen, mal mehr von der anderen. Lehrende sind auch Führende, und sie sollten – wie alle Erwachsenen – auch in der Lage sein, sich selbst zu führen. Natürlich haben wir persönliche Vorlieben und Ausprägungen, was diese Kräfte betrifft, und bei manchen fällt uns die Aktivierung leichter als bei anderen. Ein Entwicklungsziel der Resilienz ist es, diese Kräfte in Balance zu bringen und sie je nach Situation alle aktivieren zu können. Damit gelingt es uns, auf Gegebenheiten so zu reagieren und Herausforderungen so anzunehmen, dass sie uns am Ende weiterbringen und nicht lähmen.

Einer Oberstufenlehrerin wird auferlegt, für eine länger erkrankte Kollegin deren Kurs samt Klausuren zu übernehmen, da es ein Parallelkurs zu ihrem eigenen ist. Silke ist aufgebracht ob dieser Zumutung und lehnt rundweg ab mit der Begründung, sie sei ohnehin am Limit. Doch die Basis für diesen Widerstand ist dünn: Rechtlich ist sie zu solcher Zusatzleistung verpflichtet, wenn die Unterrichtssituation es erfordert und die Schulleitung es entscheidet. Einseitige Widerstandskraft bringt sie in die Bredouille, sodass sie letztlich klein beigeben muss und zu der Arbeitsbelastung noch den Ärger über die an falscher Stelle vergeudete Energie und ihre Niederlage verkraften muss.

Antje dagegen übernimmt eilfertig die zusätzliche Aufgabe. So ist es eben, wenn jemand krank wird, das kann immer passieren. Doch sie hat keine Ahnung, wie sie das schaffen soll, und schon beim Gedanken daran melden sich erste Anzeichen eines Migräneanfalls. Ihre falsch verstandene Anpassungskraft führt dazu, dass sie ihre Überlastungssituation nicht mitteilt und sich immer noch mehr aufbürdet, ohne sich für die Lösung Unterstützung zu holen.

Frauke entwickelt bei diesem Ansinnen automatisch Pläne, was sich alles an der gesamten Organisation ändern müsste, macht Wirbel bei Schulleitung und Personalrat und versucht einen Bekannten zu mobilisieren, der über die politische Schiene Druck machen soll. Ihre falsch eingesetzte Veränderungskraft wirbelt zwar eine Menge Staub auf, aber aufgrund der Plan- und Ziellosigkeit verschleißt Frauke genau wie Silke eine Menge Energie. Im Ergebnis verfestigen sich eher die Haltungen derjenigen, die überzeugt sind, dass sich an den Verhältnissen generell nichts ändern lässt. Frauke wird als naiv und dilettantisch hingestellt. Gut eingesetzte Veränderungskraft erfordert in solchen Fällen ein planvolles Vorgehen und eine vorausgehende Analyse, welches Handeln an welcher Stelle was bewirken kann. Widerstandskraft kann nur effizient eingesetzt sein, wenn die rechtlichen Voraussetzungen unstrittig sind und wenn geklärt ist, gegen wen und was sich der Widerstand richtet und wie mit den Konsequenzen umgegangen wird. In komplexen Situationen können die drei Kräfte – Widerstand, Anpassung und Veränderung – in ihrem Zusammenspiel Ergebnisse bringen, die nicht nur Schnellschüsse sind, sondern auch mittel- und langfristig zu tragfähigen und angemessenen Lösungen führen.

So ist es auch mit dem Zusammenspiel der einzelnen Resilienzaspekte. Resilienz beruht weder auf einzelnen stark ausgeprägten Eigenschaften, noch ist sie ein statischer Zustand. Sie entsteht vielmehr im dynamischen Zusammenspiel dieser inneren und äußeren Kräfte. Je nach Ausgangslage, Kontext und Zielsetzung wird die Gewichtung der Kräfte immer wieder neu gestaltet und ausbalanciert. Resilient zu sein bedeutet also keineswegs, sich nicht unterkriegen zu lassen, indem man einzelne Fähigkeiten wie Optimismus oder Lösungsorientierung in besonderem Maße ausprägt. Beispielsweise könnte eine unreflektierte Akzeptanzhaltung erwachsen, die Situationen passiv erduldet, die schlecht, aber durchaus änderbar sind. Akzeptanz alleine reicht eben noch nicht aus, erst im Zusammenwirken mit anderen Faktoren wie beispielsweise der Selbstverantwortung entsteht eine resiliente Reaktion.

Es geht also darum, ein gut ausbalanciertes Profil von Resilienzfaktoren zu pflegen und diese je nach Erfordernis flexibel aktivieren zu können. Denn welche Haltungen und Fertigkeiten Sie in einer aktuellen Situation stärken, das ist abhängig von Ihrer individuellen Lebensgeschichte und verändert sich mit dem Umfeld, in dem Sie leben. Ein bestimmter Schutzfaktor kann in einem Fall relevant und wirksam sein, in einem anderen Fall weniger oder gar nicht.[14] In einem akuten Moment kann es sehr sinnvoll sein, die als schwierig empfundenen Eigenheiten und Einstellungen des Gegenübers zu akzeptieren und es auszuhalten, sich überhaupt nicht verstanden zu fühlen. Es hilft, den Konflikt nicht immer wieder anzuheizen und Ärger und Aufregung nicht eskalieren zu lassen. In einer anderen Situation ist gerade das klare Positionieren oder auch das Beenden einer Beziehung die heilsame Lösung für den weiteren Lebensweg. Resilienz ist also ein komplexer systemischer Anpassungsprozess, der immer wieder in Gang gesetzt und durchlaufen werden muss. Manchmal gibt es unerwartete Wege zu Resilienz. Sie ist die Kunst der Genesung und Erholung, der Wandlung von Herausforderungen und Bedrohungen, die sich im Lauf des Lebens in unterschiedlicher Weise zeigen kann.

Selbsttest: Ihr Gleichgewicht der Kräfte

→ *Widerstandskraft, Anpassungskraft, Veränderungskraft:*
  Welche der drei Kräfte springt bei Ihnen als Erste an?
→ *Führt eine davon ein Schattendasein?*

Eine Möglichkeit, das zu überprüfen, ist der folgende Test. Lassen Sie die unten aufgezählten Aussagen Gruppe für Gruppe auf sich wirken. Welche treffen voll und ganz auf Sie zu? Welche manchmal, selten oder nie? Wie reagieren Sie üblicherweise? Nicht an Sternstundentagen, wenn einfach alles läuft wie geschmiert, nicht an den Tagen, an denen Sie das Gefühl haben, Sie wären besser gleich im Bett geblieben, sondern an den vielen normalen, durchschnittlichen Tagen. Dabei geht es weniger um Ihre »äußeren« Reaktionen, also nicht darum, was Sie sagen und tun. Diese sind eher eine Frage der verinnerlichten Normen und der Selbstkontrolle. Viele Menschen sind gerade im beruflichen Bereich sehr daran gewöhnt, nicht nach außen zu zeigen, was innerlich in ihnen vorgeht. Man kann sich aufregen und dennoch scheinbar gleichmütig reagieren. Wenn man sehr enttäuscht ist, versucht man vielleicht, sich das nicht anmerken zu lassen. Die Angst vor einer Situation oder die Erleichterung über eine Konfliktlösung überspielt man mit coolem Auftreten. Hier sind jedoch Ihre »inneren« Reaktionen gefragt, das, was Sie fühlen und denken, bevor Sie nach außen reagieren. Seien Sie dabei ehrlich zu sich, es geht nicht darum, ein gefälliges Wunschbild von sich zu entwerfen. Vielleicht ziehen Sie auch vertrauenswürdige Menschen zu Rate, die Sie gut kennen, und lassen sich überraschen, wie weit sich deren Eindruck mit Ihrer eigenen Einschätzung deckt. Dadurch erhalten Sie auch konkrete Beispiele für Ihre typischen Reaktionsweisen und haben gleichzeitig einen hervorragenden Aufhänger für einen interessanten und intensiven Austausch.

Gruppe A:

- Ich habe Rückschläge, Misserfolge und Enttäuschungen überwunden und weiß, dass ich das wieder kann.
- Wenn etwas Unerwartetes passiert, gewinne ich schnell wieder die Fassung.
- Ich kann gut aushalten, wenn andere mit meinen Entscheidungen nicht einverstanden sind.
- Auch unangemessene Kritik bringt mich so schnell nicht aus dem Gleichgewicht.
- Ich lasse mich weder durch Druck noch durch Charme zu etwas zwingen, was ich nicht will.

Je häufiger Sie mit einem eindeutigen Ja antworten können, desto wahrscheinlicher verfügen Sie über eine ausgeprägte Widerstandskraft. Menschen mit hoher Widerstandsfähigkeit können sich im Allgemeinen gut gegen Erwartungen und Wünsche anderer abgrenzen, geraten durch äußere Anlässe nicht so schnell aus dem Gleichgewicht und erholen sich von Rückschlägen. Sie wollen allerdings häufig mit dem Kopf durch die Wand und übersehen dabei die Tür daneben. Manchmal haben sie wenig Gespür dafür, wie sie auf andere wirken, und zeigen wenig Bereitschaft, sich auf andere einzustellen.

Gruppe B:

- Ich kann mich gut anpassen, wenn Dinge nicht wunschgemäß laufen.
- Ich komme gut damit zurecht, wenn in der Schule Entscheidungen getroffen werden, die mir nicht gefallen.

- Auch mit Menschen, die mir persönlich nicht liegen, arbeite ich gut zusammen.
- Ich kann mich gut mit den Licht- und Schattenseiten meines Berufs und meiner Stellung arrangieren.
- Ich kann mich gut auf verschiedene Menschen und Situationen einstellen und mich entsprechend unterschiedlich verhalten.

Je häufiger Sie mit einem eindeutigen Ja antworten können, desto wahrscheinlicher verfügen Sie über eine ausgeprägte Anpassungskraft. Menschen mit hoher Anpassungsfähigkeit kommen im Allgemeinen mit Veränderungen und Widrigkeiten gut zurecht. Sie können die Eigenheiten anderer Menschen gut akzeptieren und sind bereit und in der Lage, flexibel auf Erfordernisse zu reagieren. Allerdings treten sie kaum für ihre eigenen Interessen ein (manchmal sind ihnen diese gar nicht bewusst), beziehen keine eindeutige Position und unterschätzen ihre Einflussmöglichkeiten wie auch ihre Verantwortung für das Gesamte.

Gruppe C:
- Es gibt mir Energie, wenn ich etwas Neues entwickeln und umsetzen kann.
- Veränderungen betrachte ich als Chance zur Weiterentwicklung.
- Neue Erkenntnisse und ungewöhnliche Konzepte ziehen mich an.
- Menschen und Strukturen, die sich nur schwerfällig bewegen, machen mich ungeduldig.
- Ich habe ein hohes Arbeitstempo und kann spontane Entscheidungen treffen.

Je häufiger Sie mit einem eindeutigen Ja antworten können, desto wahrscheinlicher verfügen Sie über eine ausgeprägte Veränderungskraft. Menschen mit hoher Veränderungsfähigkeit sind Aktivisten, die viele Ideen für Verbesserungen haben und gerne die Dinge in die Hand nehmen. Sie können sich gut trennen von Althergebrachtem und setzen viel in Bewegung. Allerdings fällt es ihnen schwer, Routine zu schätzen und den Wert des Bewährten zu erkennen. In ihrem Veränderungsdrang schütten sie manchmal das Kind mit dem Bade aus und vernachlässigen das Pflegen und Bewahren.

Gruppe D:

■ Es fällt mir leicht, je nach Erfordernissen der Situation aggressiver oder defensiver zu reagieren.
■ Love it, change it or leave it – das ist meine Devise.
■ Ich bin innerlich mit mir im Reinen.
■ In Krisen bewahre ich die Ruhe und reagiere aus dem Überblick über die Gesamtsituation heraus.
■ Ich setze mich ein für notwendigen oder wünschenswerten Wandel, vertraue aber auch darauf, dass sich manches auch ohne mein Zutun fügt.

Je häufiger Sie mit einem eindeutigen Ja antworten können, desto stärker sind die Indizien dafür, dass Ihnen in der Regel das Zusammenspiel der drei Kräfte gelingt. Menschen mit einem ausbalancierten Kräftegleichgewicht sind in der Lage, sie je nach den Erfordernissen der Situation und dem eigenen Vermögen zu aktivieren und einzusetzen. Sie wissen, wann ihr Einfluss es zulässt zu kämpfen und wann sie mit Anpassung weiterkommen. Sie können selber Erneuerung anbahnen und durchziehen, aber auch sich von außen veranlasstem Wandel anpassen und ihn mitgestalten. Sie bringen Geduld auf für Menschen und Prozesse, die ihre

Zeit brauchen, und vertrauen auch auf den Lauf der Dinge und die Fähigkeiten anderer. Dieses Gleichgewicht der Kräfte ist nicht statisch, sondern will immer wieder neu hergestellt werden.

Resilienzkräfte trainieren

→ *Was brauchen Sie am meisten, um in Ihr Gleichgewicht Ihrer Kräfte zu kommen?*
→ *Welche Kräfte sind zu entwickeln und zu stärken? Und wie können Sie das erreichen?*

Suchen Sie sich unter den folgenden Anregungen eine aus und wiederholen Sie sie mehrfach. Steter Tropfen höhlt den Stein. Je öfter Sie etwas tun, umso mehr erweitert es Ihr Handlungsrepertoire, ohne dass Sie noch darüber nachdenken müssen. Machen Sie die Schritte klein genug, sodass Sie sich darauf einlassen können und Erfahrungen machen. Machen Sie sie groß genug, sodass Sie eine Herausforderung spüren und den Unterschied wahrnehmen können. Resilienz brauchen Sie zwar besonders in Zeiten von Krisen und Verlusten, doch sie lässt sich hervorragend trainieren und üben im ganz normalen Alltag.

Mehr Widerstandskraft trainieren

■ Werden Sie achtsam auf die Dinge, die Sie tun, ohne sie eigentlich zu wollen. Wo merken Sie es körperlich? Wie schaffen Sie es, dieses Signal zu übergehen? Wie könnten Sie es ernst nehmen?

■ Nehmen Sie sich vor, eine Kleinigkeit zu tun, von der Sie wissen, dass jemand anderes sie missbilligt. Tun Sie es nicht provozierend, um ihn zu ärgern, sondern gleichmütig und nötigenfalls mit Akzeptanz für seinen Unmut.

■ Wenn Sie sich das nächste Mal gebeutelt oder klein fühlen, machen Sie einen Schritt, bevor Sie Ihre Wunden lecken. Widersprechen Sie jemandem, schaffen Sie Tatsachen, bleiben Sie aufrecht. Verlangen Sie nicht von sich, das die ganze Zeit aufrechterhalten zu müssen. Nur für diesen Augenblick oder die nächsten zehn Minuten oder für einen halben Tag.

Mehr Anpassungskraft trainieren

■ Ignorieren Sie eine Entscheidung, die Ihnen nicht passt, für eine Weile. Gehen Sie einen Kaffee trinken, wenden Sie sich Ihren Aufgaben zu, plaudern Sie mit einer Kollegin. Unterbrechen Sie auf jeden Fall Ihre Reaktion auf das Unerwünschte und legen Sie sie eine Zeit lang auf Eis.

■ Finden Sie an etwas, das Ihnen gegen den Strich geht, drei Vorteile oder gute Seiten.

■ Unterhalten Sie sich einige Minuten freundlich mit jemandem, den Sie nicht mögen oder zu dem Sie keinen Zugang haben.

Mehr Veränderungskraft trainieren

■ Ändern Sie etwas in Ihrem gewohnten Vorgehen: Fangen Sie anders an, lassen Sie etwas weg oder fügen Sie etwas hinzu. Variieren Sie diese Abweichung vom Gewohnten dreimal. Danach nehmen Sie sich ein anderes Beispiel in gleicher Weise vor.

■ Überlegen Sie sich, welche kleinen Veränderungen an Ihrer Umgebung, an Ihrem Verhalten und an Ihrer Person reizvoll sein könnten. Probieren Sie es aus und achten Sie auf die Wirkung bei sich selbst.

■ Richten Sie Ihre Aufmerksamkeit auf die großen und kleinen Veränderungen, die Sie schon erlebt haben und die sich immer wieder ereignen. Lassen Sie alle Gefühle zu, die sich regen. Was gibt es außer Angst und Unbehagen noch? Bei welchen Veränderungen in Ihrem Leben, denen Sie zunächst skeptisch oder ablehnend gegenüberstanden, hat sich Ihre Einstellung im Nachhinein zum Besseren gewandelt?

Mehr Balance trainieren

- Achten Sie darauf, welche der drei Kräfte bei Ihnen sofort »anspringt«, und halten Sie einen Moment inne, um zu prüfen, ob eine der beiden anderen in Anbetracht der Umstände nicht wirkungsvoller wäre. Checken Sie kurz, wie Sie diese hier aktivieren können. (Auch die Reflexion bereits vergangener Situationen ist durchaus noch sinnvoll, dadurch werden Sie differenzierter im Einsatz der Kräfte.)
- Prüfen Sie sich darauf, welche Kraft Sie gewohnheitsmäßig vernachlässigen oder abschalten. Machen Sie sich bewusst, welche Möglichkeiten Sie sich dadurch versagen. Spielen Sie in Gedanken und real durch, welche Wirkung Sie mit genau dieser Kraft erzielen können.
- Wenn die Situation es zulässt, checken Sie, wie Sie alle drei Kräfte einsetzen könnten: Was lässt sich hier verändern? Wem oder was will ich widerstehen? Welche kleine Anpassung macht es leichter oder flexibler?

Belastungssituationen mit Resilienz entschärfen: Fallbeispiele

Beate findet ihren Weg aus wirkungslosem Widerstand

Beate F. ordnet noch einmal die Mappe mit ihren Notenblättern. Es ist für sie das erste Konzert mit diesem Chor, und sie hat ein bisschen Lampenfieber. Voll Vorfreude summt sie die Lieder vor sich hin, während sie ihre Bluse bügelt. Vor ein paar Monaten hätte sie nicht für möglich gehalten, dass sie sich zu irgendetwas außerhalb der Schule überhaupt noch einmal aufraffen könnte. Sie hat sich völlig kraftlos gefühlt und gegrübelt, wie sie die Jahre bis zu ihrer Pensionierung noch überstehen könnte. Dabei ist Lehrerin immer schon ihr Berufswunsch gewesen, als Kind hat sie ihre Puppen und Teddys in imaginäre Schulbänke gesetzt und ihnen die Welt erklärt.

In ihren Anfangsjahren als junge Lehrerin war Beate stark gefordert, aber sie hat diese Zeit in bester Erinnerung. Mit großem Eifer stürzte sie sich auf die unterschiedlichen Inhalte und setzte ihren ganzen Ehrgeiz hinein, sie didaktisch und methodisch so aufzubereiten, wie es für ihre Klassen passend war. So gelang es ihr oft, Schüler für Kunst und die französische Sprache zu begeistern. Häufiger melden Ehemalige ihr zurück, ihr Unterricht habe den Keim für das Interesse an Frankreich oder an der Malerei gelegt. Als junge Lehrerin organisierte und begleitete Beate jedes Jahr Schüleraustausche, Ferienzeiten nutzt sie für Reisen. In dieser Zeit heirateten die meisten ihrer jungen Kollegen und sind mit Familiengründung beschäftigt. Beate registrierte zwar, dass sie der einzige Single blieb. Doch im Grunde genommen gefiel es ihr, so unabhängig zu sein und ihren Interessen nachgehen zu können, ohne auf Mann und Kinder Rücksicht nehmen zu müssen.

Die Schule war überschaubar, alle Kollegen kannten sich recht gut. Man wusste übereinander Bescheid und nahm auch die eine oder andere Macke hin. Der langjährige Schulleiter sah zu, dass alles mit rechten Dingen zuging, und ließ seinem Kollegium ansonsten viel Spielraum. Die Maßstäbe für sein Tun setzte im Grunde jeder Lehrer selbst. Solange es keinen Ärger gab vonseiten der Schüler oder Eltern, brauchten sie niemandem Rechenschaft abzulegen. Natürlich erwartete man von Beate als Kunstlehrerin, sich bei Schulfeiern einzubringen, aber abgesehen davon hatte sie freie Hand. Sicher gab es auch Schüler, die Probleme hatten und machten, die Konflikte anzettelten und die gern etwas anstellten. Aber irgendwie war das alles nicht so heftig und hat sich in der Regel schnell lösen lassen.

Beate kann gar nicht mehr sagen, wann dieses Idyll sich aufzulösen begann, es kam wohl schleichend eins zum andern. Die Schule vergrößert sich und mit ihr das Kollegium, der enge Zusammenhalt löst sich auf, es bilden sich neue Konstellationen. Auch die Klassen werden größer, die Schüler erlebt Beate als schwieriger und rücksichtsloser, die Eltern als kritischer und anspruchsvoller. Sie schimpft oft darüber, wie respektlos die Schüler geworden seien und wie unverschämt und anmaßend ihre Eltern. »Heutzutage kann man sich die Schüler halt nicht aussuchen. Und die Eltern erst recht nicht. Man muss nehmen, was man kriegt!«, beschwert sie sich im Lehrerzimmer immer wieder. Es findet sich immer jemand, der ihr zustimmt, und dann wird einträchtig so lange geschimpft und genörgelt, bis die Motivation den Nullpunkt erreicht hat.

Als junge Lehrerin und reiselustiger Single genießt Beate viele Freiheiten. Sie kann eigene inhaltliche Interessen und berufliche Anforderungen harmonisch verbinden. Aus ihren verschiedenen Aktivitäten fließt ihr auch wieder Energie zu, und so geht sie mit jugendlichem Schwung und aufrichtiger Begeisterung ihren Aufgaben nach. In der Rückschau werden allerdings vergangene Ereignisse und Gegebenheiten häufig idealisiert, kritische oder problematische Aspekte verdrängt. Die Schwierigkeiten wirken harmloser, weil sie ja schon bewältigt wurden oder nicht mehr relevant sind. Beate ruft sich nur noch die angenehmen Aspekte und die gelösten Konflikte und Probleme in Erinnerung und blendet die Mühen aus, mit denen dies zustande gekommen ist. Sie empfindet – wie viele ältere Kollegen – die aktuellen Verhältnisse auch deshalb als besonders belastend, weil sie sie ständig mit früheren Erfahrungen vergleicht, die sie zudem im Nachhinein verklärt. Wer neu anfängt, ist in der Regel unbefangener. Ohne Vergleich und Vorurteil ist es naheliegend, die Situation zu nehmen, wie sie ist, und unvoreingenommen zu schauen, wie sich das Beste daraus machen lässt.

Beate fällt in ihrer Nörgelei gar nicht auf, wie respektlos, überheblich und aggressiv sie sich selber über Schüler und Eltern äußert. Weder nimmt sie zur Kenntnis, dass diese die Lehrer genauso wenig auswählen können, geschweige denn, dass sich auch Mitarbeiter in anderen Bereichen ihre Patienten oder Kunden nicht aussuchen können. Weil sie sich auf offene Gespräche mit Kollegen oder Freunden kaum noch einlässt, sagt ihr auch niemand mehr, wie verzerrt und widersprüchlich ihre Haltung inzwischen geworden ist. Während Beate sich immer tiefer in der Opferrolle verrennt, beraubt sie sich damit selber einer regen Quelle für ihre Motivation. Denn gerade aus dem Unterrichten und Begeistern der Schüler hat sie immer Freude und Energie gezogen.

Es ist Realität, dass sich die Anforderungen an die Lehrkräfte und an die Schule wie auch die Strukturen der Schullandschaft ändern. Einfach seinen Fachunterricht abzuhalten reicht nicht mehr aus. Der neue Schulleiter hat andere Ambitionen und einen anderen Führungsstil. Ein Schulprofil soll erstellt werden, alle sind verpflichtet, an der Umsetzung der neuen Curricula mitzuwirken, und Fortbildungen werden vorerst bevorzugt dafür genehmigt. Beate versteht die Welt nicht mehr und geht in Abwehrhaltung. Je mehr sie unter Druck gerät, desto weniger kann sie sich vorstellen, wie sie unter den neuen Bedingungen sinnvoll ihre Arbeit tun kann, geschweige denn, was ihr Beitrag zur Ausgestaltung sein könnte.

Bisher hat Beate sich am Einsatz moderner Medien und Technologie immer erfolgreich vorbeimogeln können. Die Angst, sich damit auch noch auseinandersetzen zu müssen, steigert ihre Verunsicherung so, dass sie zum Angriff übergeht. »Ich kann mich noch gut an meine Studienzeit erinnern«, hält sie ihrem Schulleiter vor. »Auf einmal konnte man angeblich keine Fremdsprache mehr unterrichten ohne Sprachlabor. Jede Schule musste unbedingt damit ausgestattet werden – und nur ein paar Jahre später staubten die teuren Anlagen vor sich hin und blockierten wertvollen Raum. Das sehe ich mit diesen Laptops und Whiteboards genauso kommen. Erst wird alles angeschafft, und am Ende steht es irgendwo rum. Und wer kümmert sich dann darum? Ich für mein Teil bringe meinen Schülern schon seit Jahrzehnten Französisch ohne diesen technischen Firlefanz bei und dabei werde ich auch bleiben. Da können Sie sich von mir aus auf den Kopf stellen.« An entsprechenden Schulungen teilzunehmen lehnt Beate rundweg ab. In Konferenzen beharrt sie bei den meisten Beschlussvorlagen auf der Ansicht, dass das nicht machbar sei, oder fragt penetrant nach kleinsten Details der Umsetzung. Während einzelne ihrer Kollegen alle Hebel in Bewegung setzen, die veränderten Rahmenbedingungen aufzuhalten oder abzuwenden, die meisten sich aber, wenn auch widerstrebend, darauf einlassen, gerät Beate ins Schwimmen. Es kann und darf doch nicht sein, dass das, was sie bisher gemacht hat, nichts mehr wert sein soll! Das ist einfach nicht mehr ihre Schule, sie fühlt sich auf verlorenem Posten und sieht schwarz für die Zukunft. Jetzt, wo es ihr nicht gut geht, wird ihr bewusst, dass es im Lauf der Zeit ziemlich einsam um sie geworden ist. Zwar glaubt und behauptet sie, dass sie Probleme am liebsten mit sich selbst ausmacht, doch nutzt sie auch unverbindliche Kontakte als Ventil um ihren Groll loszuwerden. Mal jammert sie der Laborantin beim Arzt etwas vor, mal schimpft sie bei der Bäckersfrau oder beklagt bei ihrer Nachbarin, was ihrer Meinung nach schiefläuft im System.

Beate hat einen hohen und gleichzeitig sehr subjektiven Anspruch, was die Rahmenbedingungen für ihre Tätigkeit angeht. Was diesem nicht entspricht, lehnt sie ab. Sie glaubt genau zu wissen, wie diese sein müssten, damit sie gut arbeiten kann. Allerdings tut sie aktiv nichts dafür. Weder hat sie darum gekämpft, die von ihr abgelehnten Reformen zu verhindern, noch ist sie bereit, sich an der Umsetzung so zu beteiligen, dass sie wenigstens in ihrem Sinne ausgestaltet wird. Ihren Schulleiter und Kollegen, die an dieser Umsetzung arbeiten und die Entwicklung ihrer Schule vorantreiben wollen, betrachtet und behandelt sie als Gegner. Da sie es ablehnt, sich mit neuen Medien und Technologien zu beschäftigen, kann sie gar nicht verstehen und beurteilen, wann und in welchem Umfang ihr Einsatz vorteilhaft wäre. Statt sich in passender Weise damit vertraut zu machen und Hilfe dafür anzunehmen, blockiert sie. Beate ist noch weit davon entfernt zu akzeptieren, dass sie den Wandel nicht aufhalten kann. Dass sie bei Unbeteiligten ihrem Frust Luft macht, zeigt, wie sehr ihr innerer Kessel unter Dampf steht und dass sie keine angemessenen Mittel zur Verfügung hat, diesen abzulassen.

In ihrer Not wird Beate nicht nur überkritisch, sondern auch überempfindlich. Der ständige Lärmpegel und die Unordnung in den übervollen Klassenzimmern sind ihr an vielen Tagen unerträglich. Nach außen erweckt sie den Anschein der eigensinnigen Kollegin, die nichts an sich herankommen lässt. Doch innerlich ist sie sehr aufgeregt, seit einiger Zeit schon leidet sie unter heftigen Herzrhythmusstörungen. Schon zweimal ist es ihr passiert, dass sie plötzlich nicht in der Lage war, das Lehrerzimmer zu betreten. Ihr Herz schlug bis zum Hals, ihr brach der Schweiß aus. Beim ersten Mal rettet sie sich auf die Toilette, ohne dass jemand etwas mitbekommt. Beim zweiten Mal kann sie ihrer Kollegin Inge nicht ausweichen, nimmt ihr aber das Versprechen ab, den Vorfall für sich zu behalten. »Mit den Beschwerden kannst du dich doch frühpensionieren lassen«, meint Inge, als sie Beate nach Hause fährt. »Du bist ja nur für dich verantwortlich und kannst die finanzielle Einbuße verschmerzen. Dann kannst du endlich nur noch machen, was du willst.« Doch dieser Gedanke löst bei Beate mehr Beklemmung als Erleichterung aus. Ihr fällt gar nichts ein, das sie machen will und das nichts mit Schule zu tun hat. Ob Reisen oder Kunstevents, immer hat sie im Hinterkopf gehabt, wie sie das in den Unterricht einbringen kann. Und obwohl sie so viel klagt und die Schule zunehmend Kraft kostet, im Unterricht kommt sie letztlich immer noch gut klar. Nein, aufhören will sie bei allem Stress noch nicht. Doch dann kann sie so nicht weitermachen. Es wird höchste Zeit, etwas für sich zu tun.

Sie findet eine gute Kurklinik, deren Therapeuten ganzheitlich arbeiten. Ihr Behandlungsziel ist es nicht nur, Beates Herz-Kreislauf-System in Ordnung zu bringen, sondern auch die Heilung der mentalen und seelischen Ursachen anzuregen. Hier wird Beate bewusst, dass nicht die Verhältnisse sie krank machen, sondern ihre Reaktion darauf. Und ihr wird auch klar, dass sie nicht nur durch den Beruf strapaziert ist, auch bei ihr persönlich ist einiges aus dem Lot geraten. Die Therapeuten legen großen Wert darauf, dass es ihren Patienten gelingt, die neuen Erfahrungen und Erkenntnisse in ihren Alltag zu übertragen und langfristig zu festigen. Sie vermitteln Beate eine Therapeutin vor Ort, die sie dabei begleitet. Mit ihr erarbeitet sie Schritt für Schritt, wie sie wieder vom verzagten Opfer zur selbstverantwortlichen Gestalterin ihres Lebens wird. Dafür setzt die Therapeutin gar nicht bei den beruflichen Schwierigkeiten an, sondern erkundet mit Beate zunächst ihr privates Umfeld. Sie ermuntert Beate, wieder eigene Interessen zu verfolgen, an Dinge anzuknüpfen, die sie einmal begeistert haben, und ein persönliches Netzwerk an Beziehungen aufleben zu lassen und nach und nach zu erweitern. Durch die Kur körperlich und seelisch wieder stabilisiert, hat Beate genug Antrieb, um wieder den Kontakt zu einem Kreis von ehemaligen Studienkollegen aufzunehmen, mit denen sie seinerzeit viel zusammen war. Besonders mit Christa, die seit einiger Zeit verwitwet ist, kann sie schnell an ihre frühere Freundschaft anknüpfen. Christa hatte sich zuletzt hauptsächlich im Freundeskreis ihres verstorbenen Mannes bewegt, sie ist sehr froh, mit Beate wieder eine Freundin aus ihrem eigenen Umfeld zu haben. Zusammen gehen sie in Ausstellungen und schmieden Reisepläne. Christa ist es auch, die Beate in ihren Chor mitnimmt, in dem Beate sich schnell zurechtfindet, wenn auch das große Repertoire eine Herausforderung ist. Schon im Studentenchor haben sie zusammen gesungen, und Beate danach lange Zeit im Lehrer-Eltern-Schüler-Chor ihrer Schule, den es jedoch seit einigen Jahren nicht mehr gibt.

Ihre gesundheitlichen Beeinträchtigungen sind ein deutliches Signal, dass Beate an ihre Grenzen gekommen ist, sie wahrscheinlich schon überschritten hat. Die von Inge als selbstverständliche Konsequenz in den Raum gestellte Frühpensionierung rüttelt sie endgültig auf. Sie distanziert sich von dieser scheinbar naheliegenden und willkommenen Lösung. Beate stellt sich der Tatsache, dass sie es aus eigener Kraft nicht mehr schafft, mit den unvermeidlichen Veränderungen so umzugehen, dass sie ihr berufliches Leben wieder in den Griff bekommt. Darüber hinaus ist sie bereit, sich einzugestehen, dass sie auch persönlich in einer Sackgasse steckt. Damit schafft sie sich die Grundlage, auf der tiefergehende Veränderung und Persönlichkeitsentwicklung möglich werden. Mit professioneller Hilfe gelingt es ihr, sich zu stabilisieren und auf dieser Basis aktiv zu werden. Da sie auf vorhandenen Ressourcen in Form von Interessen, Kontakten und Kompetenzen aufbauen kann, gelingt es ihr, ziemlich schnell wieder Fuß zu fassen und ihre Gesamtverfassung deutlich zu verbessern.

Die Strategie der Therapeutin geht auf. Seit Beate privat wieder einen herausfordernden Anreiz hat und Kontakte pflegt, mit denen sie persönliche Interessen teilt, kann sie die Schule mit ihren aktuellen Gegebenheiten unverkrampfter angehen. Sie springt über ihren Schatten und bittet den Schulleiter um ein Gespräch. Beate teilt ihm ihre Bereitschaft mit, aktuelle und anstehende Veränderungen nicht mehr zu boykottieren, auch wenn sie inhaltlich anderer Auffassung ist. Ihr Vorgesetzter ist froh, dass ihre Verweigerung und Feindseligkeit sich gelöst haben. Er gesteht Beate gerne zu, dass sie kein Zugpferd für Neuerungen mehr sein oder werden muss, dass sie aber für sich eine Form finden soll, sich damit zu arrangieren. Soweit es in seiner Macht stehe, wolle er ihr dabei natürlich Unterstützung zukommen lassen. Mit diesem Klärungsgespräch lassen Beates Anspannung und Befürchtungen weiter nach. Auf dem Weg zu ihrer Klasse kommt sie am Kunstraum vorbei, wo eine junge Kollegin gerade Laptop und Beamer für eine Präsentation einrichtet. »Kannst du mir das bei Gelegenheit mal in Ruhe zeigen?«, bittet sie. »Sicher«, meint diese überrascht. »Wann hast du denn Zeit?«

Indem Beate sich und ihre innere Haltung verwandelt, verlieren die äußeren Umbrüche ihren schlimmsten Schrecken. Sie beginnt, nach Wegen zu suchen, wie sie die Veränderungen meistern und sich wieder einen angemessenen Platz im Gesamtgefüge erobern kann.

Dafür braucht und nutzt sie ihre Anpassungskraft, die sie lange hat brachliegen lassen, während sie ihre ausgeprägte Widerstandskraft wirkungslos im passiven Widerstand verpuffen ließ. Als junge Lehrerin zeigte sie viel Initiative, doch als später die äußeren Reformen und Neuerungen zu massiv für sie werden, kommt ihre Veränderungskraft ganz zum Erliegen und wird erst durch die Therapie wieder aktiviert.

Ralf findet seinen Weg aus überhöhten Ansprüchen

Ralf springt locker über das niedrige Gartentörchen. Sein T-Shirt ist durchgeschwitzt vom Lauftraining mit seinen Freunden Jan und Stefan, das herrliche Gefühl der sportlichen Leistung wird sich gleich unter der Dusche noch wohlig steigern. Als sein dreijähriger Sohn Max ihm an der Haustür entgegengerannt kommt, ist klar, dass vorher noch eine Runde Fußball fällig ist. Später kommt Sabine dazu, als die beiden gerade Nudeln fürs Abendessen kochen, Max schon im Schlafanzug. Sie ist so glücklich, Ralf wieder in dieser Verfassung zu sehen, aufgeräumt und voller Energie. So hat sie ihn kennengelernt. Doch zwischenzeitlich war Ralf sehr frustriert, verschlossen und gleichzeitig verbissen, hatte nur noch gearbeitet und war von allem genervt. Sabine, die damals schwanger war, bekam schon Panik, wie es wohl sein würde, wenn sie demnächst zu dritt wären.

Dabei hatte alles so gut angefangen. Ralf konnte nach seinem Referendariat mit seinen Fächern Deutsch und Erdkunde an der gleichen Schule bleiben, die Schulleiterin ist sehr angetan von seiner Tüchtigkeit und seiner Einsatzbereitschaft. Er hat sich weit über das normale Maß hinaus für die Schule engagiert. Sabine bekommt ein halbes Jahr später eine Stelle in der Nachbarstadt, und dann kommt auch noch Max gesund auf die Welt. Alles scheint bestens zu passen. Doch Ralf kommt anscheinend mit der Situation immer schlechter klar. Er hat den Ehrgeiz, das Niveau der Vorführstunden aus der Ausbildung auch in seinem täglichen Unterricht zu halten. Aus jeder Stunde will er mit seinen Schülern das Optimum herausholen. Für solche Glanzstücke muss er sich eben inhaltlich und methodisch bestens vorbereiten, und er weiß ja, dass er dazu in der Lage ist.

Gravierende Veränderungen in der Lebenssituation, auch wenn sie gewünscht und erwartet sind, bringen uns häufig in eine Krise. Sie markieren eine Wendezeit, in der wir neue Haltungen und Strategien lernen müssen, weil die gewohnten nicht mehr passen. Gerade, wenn bis dahin alles funktionierte und zu gelingen schien, sind wir geneigt, starr mehr desgleichen zu tun, um die aufkommenden Probleme zu lösen. Da dies aber in der Regel nicht ausreicht, wächst die Verunsicherung und damit auch das Gefühl von Überforderung und vergeblicher Anstrengung.

Die in der Ausbildung ausgearbeiteten Themen decken bei Weitem nicht das ab, was jetzt an neuen Klassenstufen und Stoff auf Ralf zukommt. Die meisten seiner Stunden muss er komplett neu erarbeiten und vorbereiten, als Anfänger hat er noch keine »Konserven«, auf die er zurückgreifen könnte. Das Curriculum sieht Texte vor, die er selbst niemals ausgesucht hätte und bei denen er sich fragt, wie er damit 14-Jährige für Literatur begeistern soll. Die vielen Klassenarbeiten korrigiert er sehr zeitaufwändig, alles soll bis ins Einzelne hieb- und stichfest sein. Ihm fehlt es an Routine und an Erfahrung, welche Kriterien und Aufgabenstellung ihm zügigere Korrekturen ermöglichen würden. Natürlich ist er seiner Schulleiterin dankbar, dass sie sich für ihn ausgesprochen hat, und fühlt sich auch ganz schön geschmeichelt. So führt er die Kajak-AG weiter. Zusätzlich redet sie ihm zu, er sei in seiner Zielstrebigkeit und Zuverlässigkeit genau der Richtige, um das Konfliktlotsenprogramm von einer Kollegin zu übernehmen, die die Schule verlässt.

Ralf fühlt sich verpflichtet, den hohen Erwartungen, die die Schulleitung aufgrund seines Engagements in ihn setzt, voll und ganz gerecht zu werden, am liebsten noch darüber hinauszugehen. Weil sich mit dem Vollzeitunterricht seine berufliche und mit der Familiengründung seine private Lebenssituation sehr verändert haben, kann er das aber nicht ohne

Weiteres in der gewohnten Weise erfüllen. Seine unbeweglich hohe Anspruchshaltung hindert ihn daran, seine Maßstäbe anzupassen, um seine Aufgaben leichter und angemessener erfüllen zu können. Fehler oder Nachlässigkeiten glaubt er um jeden Preis vermeiden zu müssen. So wächst mit seinem Druck auch sein Perfektionismus und mit dem Perfektionismus wiederum der Druck.

Doch obwohl Ralf sich so viel Mühe gibt und so viel investiert, fühlt er sich am Ende des ersten Schuljahres von seiner Schulleiterin schmählich im Stich gelassen. Leo aus seiner 9d ist der Meinung, dass die ihm zugedachte Zeugnisnote unter seinen Möglichkeiten liegt. In dieser Einschätzung gibt Ralf ihm sogar Recht, doch Leo hat sich keineswegs angestrengt, um sich die bessere Note zu verdienen. Ralf hat der Klasse von Anfang an seine Bewertungskriterien und Notenfindung klargemacht und steht auf dem Standpunkt, dass er jetzt auf keinen Fall nachgeben darf, wenn er glaubwürdig bleiben will. Er hat diese klaren Regelungen ja gerade getroffen, um den Schülern keinen Anlass zu geben, zu diskutieren und zu testen, wie weit sie gehen können. Doch Leo hetzt ihm seinen Vater auf den Hals, der ihn umzustimmen versucht und schließlich mit einer Beschwerde bei der Schulleitung droht. Ralf fühlt sich da ganz auf der sicheren Seite und ist schließlich unangenehm überrascht, dass die Schulleiterin ihm nach seinem Empfinden in den Rücken fällt. Sie macht keinen Hehl aus ihrer Meinung und rät ihm dringend, die Note zu ändern. »Herr Melcher ist sehr hartnäckig und auch noch Elternvertreter. Ruckzuck hat der die ganze Elternschaft gegen Sie aufgebracht. Und wenn Sie Ihre mündliche Note nicht wirklich beweiskräftig belegen können, handeln Sie sich und uns nur Ärger ein.«
Zu dieser Zeit fangen Ralfs Schlafstörungen an. Er hat das Gefühl, dass ihm der Boden unter den Füßen weggezogen ist. Er fühlt sich vor Leo und seinem Vater und letztlich vor der ganzen Klasse gedemütigt, darüber hinaus findet er es

total ungerecht, dass einer eine bessere Note bekommt, nur weil er sich beschwert. Seiner Schulleiterin kann er nicht mehr trauen. Sie nutzt seine Leistungsbereitschaft in der Schule aus und fällt ihm dann in den Rücken. Die Enttäuschung lässt ihn besonders dünnhäutig werden. Gelegentliches Gemaule von Schülern bringt ihn je nach Tagesform auf die Palme oder lässt ihn resignieren. Inzwischen reagiert er wie gestochen, wenn Sabine ihn nur daran erinnert, dass er vergessen hat, die Spülmaschine anzustellen.

Als junger Lehrer, der sich seiner Rolle und seiner Wirkung noch nicht sicher ist, will Ralf für seinen Umgang mit den Schülern wie auch für seine Notengebung klare Regeln vorgeben. Damit versucht er, unerwarteten Situationen möglichst vorzubeugen aus Angst, dass er durch spontane Reaktionen ein Verhalten zeigt, das die Schüler ihm als Schwäche auslegen könnten. Doch so eindeutig diese Vorgaben auch gedacht sind, sie verhindern nicht grundsätzlich, dass Schüler austesten, wie verbindlich sie tatsächlich sind. Ralfs konsequentes Vorgehen bringt Orientierung, aber auch Enge. Er glaubt, auf seinem Standpunkt beharren zu müssen, um zu beweisen, dass er nicht schwach ist. Es könnte in der Sache durchaus die richtige Entscheidung sein, nicht nachzugeben, als die Schulleiterin ihn umstimmen will. Doch bei Ralf ist der Hauptgrund für sein Beharren der Anspruch, auf keinen Fall klein beigeben zu dürfen.

Das unverrückbare Ausmaß seiner Grundsätze bringt ihn in eine Zwangslage, die ihm andere Perspektiven und Handlungsfreiheit nimmt. Da er sich so verrannt hat, kann er in der Einstellung und Entscheidung seiner Schulleiterin keine Lösungshilfe sehen, sondern nur noch einen Vertrauensbruch und fehlende Unterstützung. Je mehr er sich auf verlorenem Posten fühlt, desto empfindlicher reagiert er auf alles, was im Entferntesten nach Kritik aussehen könnte. Je mehr er alle Äußerungen persönlich nimmt und ungeprüft abwehrt, desto mehr Unverständnis und Ablehnung erzeugt und erfährt er. Er könnte das Erlebnis auch als Chance sehen, unterschiedliche Reaktionsweisen in Betracht ziehen zu können. Dies gelingt umso leichter, je weniger er es als persönlichen Angriff auf sich selber sieht, sondern als eine der Situationen, wie sie eben im Schulalltag vorkommen.

So sehr er sich auf das Leben mit Max gefreut hat, es macht die Situation für Ralf nicht gerade leichter. Die neue Verantwortung belastet ihn zusätzlich, die Zeit ist immer knapp. Zeiten, in denen er ungestört zu Hause arbeiten kann, sind selten, und so mehren sich die Nachtschichten am Schreibtisch. Schließlich will er ja auch für Sabine und Max da sein und etwas von seinem Sohn haben. Früher hat er alles in Ruhe mit Sabine besprechen können. Meistens haben sie zusammen eine Lösung gefunden und hinterher oft über die »Probleme« gelacht. Sabine hat weniger Ehrgeiz und ist viel lockerer und nachgiebiger als er. Das findet Ralf zwar nicht immer richtig, aber es ist ihr oft gelungen, ihn aus seinem Kopfkino zu befreien, wenn er sich in seine Prinzipien verrannt hat.

Doch jetzt bleibt nur wenig Zweisamkeit, und wenn, hat Sabine, die in Elternzeit ist, gar nicht mehr so viel Interesse an den gewohnten »Schulgesprächen«. Sie will lieber über Max oder Elternthemen sprechen, es sich einfach gemütlich machen oder Freunde einladen. Doch dazu hat Ralf gar keine Lust mehr. Seine eigenen Freizeitbeschäftigungen, insbesondere den Sport, hat er seit der Geburt von Max aufgegeben und damit die Ziele, die er sonst mit viel Elan in jeder Saison verfolgt hat. So sind auch die damit verbundenen Kontakte eingeschlafen.

Sabine mit ihrem anderen Naturell und dem Abstand der Elternzeit fällt es zunächst schwer zu verstehen, weshalb Ralf sich so fertigmacht. Doch sie kann nicht daran vorbeisehen, wie sehr er sich verausgabt und wie unzufrieden und unglücklich er gleichzeitig geworden ist. Wenn sie es natürlich auch begrüßt, dass er seine knappe Zeit mit ihr und Max verbringt, in seiner jetzigen Verfassung haben sie gar nicht so viel davon. Ralf verliert zusehends seine zielstrebige Energie und seine Lust, etwas ordentlich anzupacken. Er wuselt nervös und hektisch herum und wenn er mal ruhig sitzt, wirkt er lethargisch und kraftlos. Sabine überzeugt ihn schließlich, dass er so nicht weitermachen kann. Ralf sieht ein, dass seine desolate Verfassung sich nicht mehr nur mit ihrem unterschiedlichen Temperament erklären lässt. Er spürt selbst, dass er schon in den ersten Jahren die Freude an seinem Beruf und sogar an seiner Familie ganz zu verlieren droht.

In der veränderten Lebenssituation hat Ralf viel von dem verloren oder aufgegeben, was er früher als Stabilität empfunden hat. Im Wechsel von der Paar- zur Elternrolle hat Sabine eine andere Richtung eingeschlagen und zeigt weniger Interesse an dem, was sie früher verbunden hat. Die knappe Zeit zu zweit würde sie lieber anders genießen, als Probleme zu wälzen. Damit geht Ralf eine wesentliche Strategie seiner Stressbewältigung verloren: Erst mal alles ausführlich mit Sabine durchkauen. Dank ihrer Leichtigkeit und pragmatischen Haltung ist es ihm mit der Zeit meistens gelungen, eine andere Sichtweise zu gewinnen und unverkrampfter an die Dinge heranzugehen. Jetzt macht er viel mehr mit sich alleine ab und verrennt sich oft in prinzipiellem Denken und inneren Rechtfertigungen. Das macht ihn ungehalten, und er kann nicht einmal wirklich abschalten, wenn er mit Max beschäftigt ist. Seine ständige Anspannung und sein Missmut sind auch für Sabine schwer zu ertragen.

Daneben hat er seinen Sport aufgegeben, der von Kindesbeinen an ein wichtiger Teil seines Lebens gewesen ist. Ihm fehlt dieses körperliche Ventil für seinen Ehrgeiz. Doch es ist nicht allein die Bewegung, die Stress und Druck von ihm abfallen lässt. Die meisten seiner sozialen Kontakte hat er aus dem Sportverein. Dort gehört er ohne viele Worte oder große Bemühungen einfach dazu. Insbesondere in einer kleinen Gruppe ehrgeiziger Freizeitsportler haben sich im Lauf der Zeit Freundschaften entwickelt, nachdem sie sich Jahr für Jahr neue sportliche Ziele gesetzt und dafür gemeinsam intensiv trainiert haben. Mit der Aufgabe seiner sportlichen Betätigung dreht sich bei Ralf alles nur noch um Schule und Familie, und beides erlebt er als fordernd. Er hat außer Sabine kein Gegenüber, das als Korrektiv für seine Ansprüche und seine eingeengte Sicht dienen könnte.

Sabine erklärt ihm, an ihrer Schule würden die Kollegen viel mehr zusammenarbeiten und sich dadurch entlasten. Das kann Ralf sich an seiner Schule gar nicht vorstellen. Die Kollegen, mit denen er zu tun hat, kosten ihn eher zusätzlich Nerven, weil sie Zusagen nicht einhalten, Materialien nicht ordentlich zurücklegen oder es sich »einfach machen«. »Warum muss man es sich denn unbedingt schwer machen?«, insistiert Sabine. »Sprich doch mal mit Timo, der ist auch an meiner Schule und hat deine Fächer. Ihr habt euch doch im Studium immer gut verstanden.« Weil Ralf allein wirklich nicht mehr weiter weiß, lässt er sich auf ein freundschaftliches »Beratungsgespräch« mit Timo ein. Dieses wird zu Ralfs erstem Schritt aus seiner einsamen Opferrolle. Lange hat er nicht mehr vertrauensvoll mit jemand Außenstehendem gesprochen und wirklich ausgedrückt, was ihn beschäftigt. Timo erzählt, wie er die schwierige anstrengende Anfangszeit bewältigt. »Ohne meine Musik wäre ich auch schon ein Wrack. Jeden Donnerstag ist Bandprobe, egal, was in der Schule los ist. Da gibt es gar nichts. Und dann komme ich ganz anders nach Hause. Natürlich muss ich auch zwischendurch noch mal üben, und wenn ich einen guten Einfall habe für ein Arrangement oder einen Text, dann setze ich mich hin und gehe ganz darin auf.«
Ralf versteht, dass es für ihn höchste Zeit ist, die Kurve zu kriegen. Als er wieder Kontakt zu seinen Sportfreunden aufnimmt, wird er wie der verlorene Sohn aufgenommen. Sie

stellen einen ehrgeizigen Trainingsplan für die Saison auf, den sie zusammen durchziehen wollen. Mit Timo und einem weiteren Fachkollegen von dessen Schule tauscht er regelmäßig Unterrichtsvorbereitungen, Arbeitsmaterialien und Klassenarbeiten aus. Bei diesen Gelegenheiten ergeben sich viele kurze Gespräche über aktuelle Schwierigkeiten und Vorhaben sowie Tipps zur Arbeitserleichterung. Schon die Erfahrung, dass die anderen ähnliche Probleme und Themen haben, nimmt Ralf viel von dem Druck und seiner Angestrengtheit. Seine häusliche Arbeit für die Schule findet wieder Struktur und Grenzen, in der Regel geht er nach dem gemeinsamen Abendessen für gute zwei Stunden an den Schreibtisch, für umfangreichere Arbeiten reserviert er sich den Freitag. In seiner jetzigen Verfassung kommt er meistens gut voran. Als Ritual haben er und Sabine eingeführt, dass sie abends auf jeden Fall noch etwas zusammen machen, reden, fernsehen, spielen. Die Schlafstörungen sind verschwunden.

Dass Ralf in seiner Belastung glaubt, es unbedingt alleine schaffen zu müssen, verstärkt das Gefühl der Aussichtslosigkeit und der eigenen Unfähigkeit. Der Kontakt zu Timo ist eine wichtige Entlastung. Die ehrlichen Gespräche mit Kollegen in ähnlicher Lage zeigen Ralf, dass seine Schwierigkeiten so einzigartig nicht sind. Darüber hinaus ermöglicht ihm der kollegiale Austausch eine Reflexion seiner Reaktionen und eine effizientere Arbeitsorganisation. Außerdem erhält er jede Menge wertvolle praktische Tipps. Die könnte er sich übrigens auch von erfahrenen Lehrkräften holen, viele von ihnen greifen gerne jungen Kollegen unter die Arme, wenn sie konkret um etwas gebeten werden.

Unverzichtbar sind aber auch Netzwerke und Interessen außerhalb der Schule. Es ist wichtig für Ralf, mit seinen Sportfreunden ganz andere Themen zu haben und einen anderen Umgang zu pflegen. Vor allem fühlt er sich bei ihnen ganz unter seinesgleichen und kann die Vorbildrolle des Lehrers, der alles richtig machen muss, einmal hinter sich lassen. Durch diese regelmäßige Entspannung und die wiedergewonnene Fitness fühlt er sich in der Schule dem Druck der Lehrerrolle und überraschenden Situationen besser gewachsen. Zudem bietet der Sport Ralf auch inhaltlich Abwechslung und Ansporn. Sich einfach nur ein bisschen zu bewegen, entspricht nicht seinem Naturell, er braucht die Herausforderung, um aufzutanken.

Schwieriger ist die Versöhnung mit seiner Schulleiterin. Es bedrückt ihn sehr, dass sie ihren Konflikt nicht geklärt haben und dass aus seiner Sicht dieses Vorkommnis zwischen ihnen steht. Ralf braucht noch etliche Gespräche mit Timo und Sabine, bis er sich schließlich damit anfreunden kann, seinen Groll loszulassen und sie ohne Vorbehalte anzusprechen. Vielleicht hat sie ihm ja wirklich weiteren Ärger erspart, auf jeden Fall hat sie das Recht auf ihre Haltung, auch wenn er sich das anders vorgestellt hat. Erstaunt registriert er, dass sie ihre Differenzen offensichtlich nicht als gravierend betrachtet. Sie reagiert ganz entgegenkommend, als er erklärt, dass er zukünftig die Hauptverantwortung für das Konfliktlotsenprojekt abgeben und seine Mitarbeit auslaufen lassen will.

Denn er hat ein eigenes Thema, das er an seiner Schule voranbringen möchte: die stärkere Zusammenarbeit in den Fachgruppen zur gegenseitigen Entlastung. Nicht bei allen Kollegen stößt das auf Begeisterung, doch einige nehmen die Idee interessiert auf. Ralf will in diesem Zusammenhang auch ein Konzept entwickeln, das Berufsanfänger gezielt unterstützen kann. Dazu hat er richtig Lust. Schließlich weiß er aus eigener Erfahrung, dass ihm einiger Stress erspart geblieben wäre, hätte es dieses Angebot bei seinem Einstieg schon gegeben.

Aus einer großen emotionalen Betroffenheit wieder auf ein sachliches Niveau zu kommen ist nicht so einfach. Ralf braucht Zeit, um die Enttäuschung und den Frust nach der Reaktion seiner Schulleiterin zu verarbeiten. Erst als sich seine Gesamtverfassung verbessert hat, ist er wieder in der Lage, die damalige Situation mit einer gewissen Distanz zu betrachten und sich in die anderen Beteiligten hineinzuversetzen. Weder Leo noch seinem Vater ging es darum, ihn schwach aussehen zu lassen, sie wollten lediglich mit allen Mitteln die bestmögliche Note herausholen. Die Schulleitung hat aus ihrer Erfahrung und ihrer Haltung heraus entschieden. Ihm selbst ist letztlich nichts passiert. Dass er gedemütigt und ausgenutzt wurde, diese Bedeutung hat nur er dem Ganzen gegeben. Er ist erleichtert, dass er auf seine Schulleitung zugegangen ist und damit die Erfahrung gemacht hat, dass sie ihm längst nicht so kritisch gegenübersteht, wie er dachte. Sein Vorschlag zeigt, dass er wieder zu seiner Kraft gefunden hat: Er grenzt sich ab und ergreift gleichzeitig Initiative für etwas, das ihm ein Anliegen ist. Und er kann sich gut damit abfinden, dass zunächst einmal nur einige Kollegen dabei sind.

Was Ralf am meisten gefehlt hat, ist Anpassungskraft, um sich auf seine veränderte Lebenssituation einzustellen und sie mit allen damit verbundenen Einschränkungen und Chancen anzunehmen. Bei Schwierigkeiten aktiviert er automatisch Widerstandskraft, um sie zu meistern und sich nicht unterkriegen zu lassen. Eine große Stärke von Ralf ist seine Veränderungskraft. Herausforderungen reizen ihn und er ist motiviert, wenn er anspruchsvolle Ziele ins Auge fassen und verfolgen kann.

Zehn häufige Resilienzblockaden bei Lehrern

In der gesamtgesellschaftlichen Situation entscheidet auch bei Lehrkräften immer mehr die psychische Widerstandskraft darüber, wie erfolgreich sie ihre Aufgaben erfüllen und wie zufrieden sie in ihrer Arbeit sind. Hier sind die zehn »beliebtesten« Fallen, die Lehrer von ihren Ressourcen abschneiden und verhindern, dass ihre inneren Kräfte sich entfalten können.

■ **Falle Nr. 1: Déformation professionelle**
Die Déformation professionelle, die »berufliche Entstellung«, bezeichnet die Neigung, Dinge, die im Beruf wichtig sind, auf andere Lebensbereiche zu übertragen. Das kann leicht zu Fehlurteilen oder einem verengten Blickwinkel führen. Lehrer neigen zum Beispiel dazu, auch im privaten Bereich alles (besser) zu wissen und zu können. Es gibt keine klare Trennung zwischen professioneller und privater Haltung. Alle werden belehrt, korrigiert, beurteilt, erzogen. Allem wird auf den Grund gegangen, alles wird erklärt und bei Bedarf richtiggestellt. So verpassen Lehrende oft die Chance, auch einmal eine entspanntere und rezeptive Rolle einzunehmen (und zu genießen) und sich einfach als Mensch zu zeigen und zu erleben.

■ **Falle Nr. 2: Die gute alte Zeit**
Lehrer fühlen sich häufig auf dem Prüfstand und haben daher ein großes Bedürfnis nach Gewissheit und Absicherung. Veränderungen von außen lösen Ängste aus, dem Unbekannten nicht gewachsen zu sein. Das Bedürfnis, das Vertraute festhalten zu wollen, führt dazu, dass die (bekannte) Vergangenheit verklärt und die (unbekannte) Zukunft bezweifelt und abgewertet wird. So versucht man, sie aufzuhalten. Doch Wandel ist das Prinzip

des Lebens, alles ändert sich. Besonders in der Anfangszeit von Reformen schlägt das Pendel der Erneuerung manchmal sehr weit nach einer Seite aus, diese Übertreibung relativiert sich in der Regel von selbst wieder. Die Frage ist nicht, wie wir das Pendel anhalten können, sondern wie wir die Umbruchzeit gestalten können, bis die Balance wiederhergestellt ist.

▪ Falle Nr. 3: Überregulierung

Die Rahmenrichtlinien für Schulen geben einerseits Orientierung, schränken aber auch den Entscheidungsspielraum der Beteiligten stark ein. Standardisierte Abläufe und Regelungen wie in einem Produktionsbetrieb sind in pädagogischen und psychosozialen Arbeitsfeldern weder umsetzbar noch zielführend. Umso naheliegender und erstrebenswerter ist es, die verbliebenen Freiräume voll und ganz zu nutzen und auszugestalten. Wenn sich überraschenderweise ein Raum zur selbstverantwortlichen Gestaltung öffnet, neigen jedoch viele Lehrer dazu, die fehlenden Anweisungen zu bemängeln, und fordern präzise Ausführungsbestimmungen – fixiert bis zum Sankt-Nimmerleins-Tag. Anschießend beschweren sie sich dann über eben diese Regelungen.

▪ Falle Nr. 4: Diktat der Dringlichkeit

Viele Menschen neigen in aufregenden und überraschenden Lebenslagen zu impulsiven Reaktionen. Lehrer haben ständig mit nicht vorhersehbaren Gegebenheiten oder gestressten Menschen zu tun, die eine Entscheidung oder Reaktion von ihnen fordern. Geben sie diesem Druck unmittelbar nach, ärgern sie sich hinterher häufig über nicht bedachte Konsequenzen. Gerade in Krisensituationen sind Gedankensteuerung und Impulskontrolle zielführend. Je aufgeregter und angestrengter wir sind, desto wichtiger ist es, über eingeübte, wirksame Strategien zu verfügen, um sich zu beruhigen und dann aus

dem Überblick und der inneren Kraft heraus mit Augen-
maß notwendige Entscheidungen zu treffen. Das Gefühl
für die »richtige« Entscheidung stellt sich oft von selbst
ein, wenn wir uns Zeit und Luft schaffen, um zu uns zu
kommen.

■ **Falle Nr. 5: Starre Normenerwartung**
Viele Lehrer haben sehr fest gefügte Vorstellungen und
Überzeugungen davon, wie Schüler, Eltern, Kollegen
oder Vorgesetzte sich zu verhalten haben und wie sie sein
sollten. Diese Erwartungen beeinflussen unbewusst das
Denken, Handeln und Fühlen. Sind sie zu starr, erzeugen
oder verstärken sie den beunruhigenden Eindruck, dass
die Dinge nicht in Ordnung sind. Wenn diese Überzeugungen eine offene und positive Lösungsfindung behindern oder den subjektiv empfundenen Druck erhöhen,
ist es höchste Zeit, ihnen auf die Spur zu kommen, sie bewusst zu machen und ihre Gültigkeit zu überprüfen. Je
unvoreingenommener wir mit anderen in Kontakt treten
können, desto freier sind wir, die Beweggründe unserer
Mitmenschen zu verstehen, anstatt ihr Verhalten zu beurteilen. Auf dieser Grundlage können wir tragfähige
Win-win-Lösungen schaffen.

■ **Falle Nr. 6: Ergebnis- statt Prozessorientierung**
Multiple gesellschaftliche Erwartungen an die Schule
und gleichzeitig ein (zumindest gefühlt) geringes Ansehen der Lehrer in der Öffentlichkeit erzeugen den Druck,
sich überall beweisen und rechtfertigen zu müssen. Die
meisten Lehrer können auf Befragen zwar ziemlich genau sagen, worin sie ihre berufliche Rolle und Aufgabe
sehen. Sie trauen dieser Selbsteinschätzung aber nicht genug, um daraus ein wirkliches Selbst-Bewusstsein in der
eigenen Rolle und Aufgabe abzuleiten und dieses nach
außen zu transportieren. Stattdessen unterwerfen sie sich
der Einschätzung anderer und warten auf die Würdigung

ihres Tuns von außen. Sie verfügen aber kaum über die Courage oder geeignete Strategien, sich diese Bestätigung abzuholen. In falsch verstandener Erfolgsorientierung machen sie ihren Wert allein abhängig von messbaren Ergebnissen. Doch ihre wertvollsten Erfolge sind in der Regel nicht (sofort) sichtbar. Kein Maurer, der ein Stück Mauer gebaut hat, würde den Wert seiner Arbeit allein nach dem Endergebnis bemessen (»Mist, heute ist die Kathedrale wieder nicht fertig geworden!«). Seine Tagesleistung kann jeder sehen, die von Lehrern ist in der Regel nicht so greifbar. Erfolg ist das, was folgt – und das erfahren Lehrer in der Regel nicht sofort, manchmal erst später und in vielen Fällen auch nie. Deshalb ist es wichtig, dass sie sich statt an kurzfristigen Ergebnissen mehr an mittel- und langfristigen Prozessen orientieren und an positiven Entwicklungen und Tendenzen Teilerfolge ablesen.

■ Falle Nr. 7: Tabu des Scheiterns
Gerade unter Lehrern, die doch von früh bis spät mit Lernprozessen beschäftigt sind, scheint das eigene Lernen mit allen Fort- und Rückschritten ein Tabu zu sein. Eigene Misserfolge und Fehler werden verheimlicht und unter den Teppich gekehrt. Stattdessen pflegen alle das Image der souveränen Lehrkraft, die alles – Inhalte und Methoden, einzelne Problemschüler und gruppendynamische Turbulenzen – jederzeit im Griff hat. Diese Illusion führt nicht nur zur permanent Stress auslösenden Selbsttäuschung – weil nicht sein kann, was nicht sein darf. Sie verhindert auch, dass Lehrer miteinander und voneinander lernen, und bedingt damit eine Ressourcenvergeudung von nicht zu verantwortendem Ausmaß. Das unausgesprochene Verbot, selber Fehler machen, Irrtümer eingestehen und Umwege gehen zu dürfen hat zudem verhängnisvolle Auswirkungen auf die Fehlerkultur, die Lehrer in ihren Klassen etablieren und pflegen.

■ **Falle Nr. 8: Persönliches statt professionelles Engagement**
Im Vergleich mit Vertretern psychosozialer Berufe erfahren Lehrer in ihrer Ausbildung wenig konstruktive Selbstreflexion und Persönlichkeitsentwicklung. Auch danach führen Angebote wie Supervision, Coaching oder kollegiale Beratung in Lehrerkreisen ein Schattendasein. Wenn sie überhaupt in Anspruch genommen werden, dann nur in Einzelfällen und auf individuelles Betreiben hin. Lehrer sind also, was die kommunikativen und interaktiven Anforderungen ihres Berufs angeht, in aller Regel auf sich gestellt. Das führt bei Schwierigkeiten je nach persönlicher Voraussetzung (und in Kombination mit Falle Nr. 7) zu Selbstzweifeln und Minderwertigkeitsgefühlen oder zu Überheblichkeit und Selbstgefälligkeit. Die einen nehmen alles persönlich, die anderen lassen nichts an sich heran. In beiden Fällen findet keine systematische Entwicklung der beruflichen Identität statt, sondern eine planlose Verfestigung der vorhandenen Tendenzen. Die kontinuierliche Entwicklung einer professionellen Haltung würde Lehrern ermöglichen, ihr berufliches Handeln und ihre Reaktionen zu reflektieren und zu optimieren und gleichzeitig ihre Persönlichkeit zu stabilisieren.

■ **Falle Nr. 9: Uneinlösbare Ansprüche**
Viele Lehrer demotivieren sich durch unrealistische Ansprüche an sich selbst, ihre Erfolge und die äußeren Gegebenheiten. Sie wollen ausnahmslos mustergültigen Unterricht abliefern, lauter ständig motivierte Schüler haben und unter idealen Bedingungen arbeiten. Das unstillbare Bedürfnis, hoch kompetent zu wirken, von allen geliebt zu werden und dabei trotzdem authentisch und autonom zu sein, führt zu einer unlösbaren inneren Wertekollision. Je weiter Anspruch und Wirklichkeit auseinanderklaffen, desto ungehaltener und ungnädiger

werden diese Menschen gegenüber den tatsächlichen Gegebenheiten. Ihre überzogenen Ansprüche treiben sie in unerbittliche (Selbst-)Kritik oder in völlig ineffiziente Übervorbereitung und Überplanung. Schwankungen zu normalisieren, zeitweiliges Chaos anzunehmen oder Unstimmigkeiten einfach mal abzuhaken kann ein Weg sein, ihre Erwartungen auf ein Normalmaß zurückzusetzen.

▥ Falle Nr. 10: Allzeit bereite Pfadfinder

In ihrem Bestreben, alles gut zu machen und in allem Vorbild sein zu wollen, tendieren viele Lehrer zur Selbstausbeutung. Sie fordern von sich, permanent transparent zu sein und sich zu erklären, bieten zu viele Dienstleistungen an, lassen sich auf alle möglichen Ansinnen ein und geben unangemessenen Forderungen nach. Sie erwarten von sich selbst, alle Probleme der Schüler angehen oder lösen zu müssen, auf jedes Kind und jedes Detail einzugehen und Eltern jederzeit zur Verfügung zu stehen. Sie wollen sich und anderen ihre Belastbarkeit beweisen, indem sie Helfer in allen Lebenslagen spielen, statt einfach da zu sein und ihren Job zu tun. Haben sie dann ihre Belastungsgrenze überschritten und sich in eine desolate Verfassung katapultiert, schieben sie die Verantwortung dafür anderen zu. Stärke und Engagement zeigen heißt nicht, permanent die eigenen Grenzen zu überschreiten. Stärke und Engagement zeigen heißt, im Bewusstsein und unter Respektierung dieser Grenzen das Mögliche zu tun.

Trainingslager:
Sich Resilienzpolster schaffen

Persönliche Stärkung

Die sieben Resilienzstrategien gehören teilweise zu den persönlichen Ressourcen, teilweise sind sie sozial vermittelt oder erlernt. Manche werden auch in einer akuten Situation zum ersten Mal neu ausprobiert. Diese Neuorientierung erfordert Mut. Denn wir aktivieren automatisch das, was sich bewährt zu haben scheint und unser (Über-)Leben sichert, und das geben wir natürlich nicht so leicht auf. Eine Krise zu meistern bedeutet aber in der Regel, dass man sich im Spannungsfeld unterschiedlicher Pole neu positionieren muss. Für diese Anpassungsleistung reichen unsere üblichen automatischen Bewältigungsstrategien nicht mehr aus. Einige davon behalten wir zwar bei, einige verändern sich jedoch und andere werden neu gelernt. Die verschiedenen Resilienzaspekte beeinflussen sich gegenseitig. Sie alle entfalten ihre Wirkung auf unsere Wahrnehmung, unsere Orientierung und unser Verhalten. Wir behalten vor allem solche Muster bei, die unser idealisiertes Ich stützen. Wir halten beispielsweise lange an der Überzeugung fest, alles irgendwie schaffen zu können, weil wir immer stark sein wollen. Wir unterdrücken Aggressionen, weil wir die Vorstellung von uns als immer nette und freundliche Person nicht aufgeben wollen. Wir halten andere auf Distanz und zeigen unsere tiefen Gefühle nicht, weil wir den unerschütterlichen Logiker darstellen wollen. Wer einseitig in Richtung Stärke orientiert ist, braucht für diese Neuausrichtung also die Bereitschaft und die Fähigkeit, Schwäche zuzulassen, damit sich eine wohltuende Balance (wieder) einstellt. Wer übertrieben nett ist, für den ist es neu, nicht um Zustimmung zu buhlen, sondern Nein zu sagen und die eventuell daraus folgende Verstimmung aushalten zu können. Und wer sich immer heraushält, für den wäre es eine Bereicherung, ganz emotional zu reagieren und »unvernünftigen« Gefühlen Raum zu geben. So kommen wir unserer wahren Identität näher. Wenn wir unsere Identität nicht kennen, verlieren wir uns in den unterschiedlichen Rollen und idealisierten Selbstbildern. Die Konsequenz dieser fehlenden Orientierung ist Unnachgiebigkeit, Profillosigkeit oder Vermeidung von Nähe. Resiliente Menschen zeichnet aus, dass sie ihre persönlichen Kraftquellen kennen, daraus schöpfen und sie nicht versiegen lassen.

Für viele Menschen ist der Beruf ein großer und wichtiger Teil ihres Lebens, der ihnen Sinn und Energie gibt und sie nährt. Der Lehrerberuf gehört zu den Tätigkeiten, bei denen die Grenzen zwischen beruflicher Funktion und privater Person sehr leicht verschwimmen. Daher ist es in diesem Beruf besonders wichtig, bewusst und professionell zu steuern, wie man seine Energie einbringt. Man kann sich zum Beispiel immer wieder sagen: »Ich habe diesen Beruf gewählt, aber ich bin nicht dieser Beruf.« Wenn sich nämlich diese Grenzen auflösen, werden die Betroffenen zu Märtyrern, die sich in anderen verströmen. Sie warten auf ihre Heiligsprechung, statt sich um ihr Selbst zu kümmern und es zu pflegen. Sie werden zwischen allen Fronten zerrieben, werden verbraucht wie eine edle Seife, die immer kleiner wird, weil sich alle damit die Hände waschen. Als Person bleibt immer weniger von ihnen übrig. Resilient sein heißt auch, sich als Person nicht aus den Augen zu verlieren und sich immer wieder stärken zu können. Sonst laufe ich nicht nur Gefahr, die Kraftquelle Beruf zu verlieren, sie wird auch noch zum Blutsauger, der beständig Energie abzieht. Es ist ein Missverständnis von Resilienz, dass man Menschen damit in einen Zustand der Unverwundbarkeit bringen kann, der sie in die Lage versetzt, jederzeit und mühelos mit allen Unbilden zurechtzukommen. Die Grundhaltungen und Fähigkeiten der Resilienz sind nicht etwas, das uns gegeben ist oder nicht. Es gilt vielmehr, sie zu nähren und den Boden dafür zu bereiten, dass sie sich gut entwickeln und im entscheidenden Moment aktiviert werden können.

Reflexionsfragen für Ihre persönliche Stärkung

- Wie navigiere ich durch meinen Schulalltag und durch mein Leben? Wonach richte ich mich? Wo will ich hin? Was sind meine Sterne, mein Kompass?
- Wohin trägt mich meine Freude und meine Begeisterung?
- Was sind meine Talente, wie bringe ich sie ein? Welche habe ich vergraben, brachliegen lassen? Was würde es bedeuten sie (wieder) zu entfalten?
- Wie stärke ich täglich mein Selbstwertgefühl? Wofür bin ich dankbar? Wie drücke ich das aus?
- Wie werden meine *Überlebens*strategien zu *Lebens*strategien für ein sinnvolles und erfülltes Leben?

Schlüsselaspekte der Resilienz im Schulalltag verstärken

Optimismus stärken

→ *Glauben Sie trotz negativer Erfahrungen und belastender Erlebnisse an die Möglichkeit positiver Entwicklungen?*

→ *Bauen Sie darauf, dass sich Dinge, die Sie angestoßen haben, auch ohne Ihr Zutun weiterentwickeln können?*

→ *Vertrauen Sie darauf, dass Ihre Schüler ihren eigenen Weg finden können, auch wenn es in bestimmten Phasen gar nicht danach aussieht?*

→ *Sind Sie überzeugt, dass Ihr Tun im Ganzen gesehen sinnvoll und lohnenswert ist?*

→ *Empfinden Sie öfter Freude und Dankbarkeit?*

Es gibt etwas ganz Einfaches und Naheliegendes, was Sie jederzeit tun können, um Ihren Optimismus zu stärken: Unterlassen Sie alles, was Sie trübsinnig stimmt und Ihnen Lebensfreude nimmt. Viele Menschen, denen es an Optimismus fehlt, stellen, ohne sich dessen bewusst zu sein, gewohnheitsmäßig eine regelrechte Nährlösung für ihre pessimistische Haltung her. Sie nörgeln alleine oder auch vor und mit anderen über alle möglichen veränderbaren und nicht veränderbaren Verhältnisse und beschwören bei neuen Vorschlägen oder strukturellen Veränderungen als Erstes die schlimmstmöglichen Konsequenzen herauf. Mindestens stündlich hören sie sich schlechte Nachrichten an und stimmen sich am Sonntagabend mit einem sozialkritischen »Tatort« voll düsterer Bilder auf die kommende Arbeitswoche ein. Die schlechte Nachricht: Diese Gewohnheiten stellen mit Unlust und Missmut spätestens am Montagmorgen ihre Wirksamkeit unter Beweis. Die gute Nachricht: Gegenteilige Verhaltensweisen, die sich jeder angewöhnen kann, sind ebenso wirksam. Wenn Sie also Ihrem Optimismus eine faire Chance geben wollen, steuern Sie gegen. Gestalten Sie Ihre Umgebung und Ihre Betätigungen so, dass sie wohltuend und heilsam auf Sie wirken. Bücher und Filme mit positiver Entwicklung und Happy End können uns zuversichtlich und hoffnungsfroh stimmen. Statt in Ihrer Lieblingszeitung alle Negativschlagzeilen zu überfliegen, lesen Sie einen Artikel, der Sie inhaltlich interessiert. Falls es nicht Ihre Lieblingszeitung ist, wozu sie dann überhaupt lesen? Menschen, die Zuversicht und Lebensfreude pflegen, treffen die Entscheidung, wie und womit sie ihre kostbare (Frei-) Zeit verbringen, vor allem danach, wie sie sich währenddessen und hinterher fühlen. Man hat in Krankenhäusern die Erfahrung gemacht, dass Patienten weniger Schmerzen haben und schneller genesen, wenn sie sich Filme ansehen, die sie zum Lachen bringen, und wenn ihre Zimmer freundlich gestaltet sind sowie einen Ausblick in die Natur ermöglichen. Vielleicht sind diese Erkenntnisse für Sie ein Anstoß, die Gestaltung Ihres Arbeitsplatzes, Ihrer privaten Umgebung und Ihrer Freizeitaktivitäten neu zu überdenken.

Eine weitere Tür für mehr Optimismus ist Dankbarkeit. Stellen Sie sich einmal vor, wie eine Kollegin Sie fröhlich anstrahlt und sagt: »Du glaubst nicht, was ich diese Woche alles Schönes erlebt habe. Ich bin wirklich dankbar, dass ich hier unterrichten kann.« Halten Sie sie für naiv, denken Sie: »Bei mir war das leider nicht so!«? Oder fragen Sie interessiert nach und lassen sich anstecken von ihrer dankbaren Haltung, weil Ihnen jetzt viele Einzelheiten einfallen, die auch Ihnen Grund für Freude und Dankbarkeit sein könnten, aber unbemerkt vorübergegangen sind? Dankbarkeit und Optimismus stehen in direktem Zusammenhang.[15] Obwohl jedem von uns allein im Lauf eines Tages unzählige Wohltaten begegnen, verspüren viele Menschen nur selten Augenblicke aufrichtiger und tiefer Dankbarkeit. Offensichtlich richten wir unsere Aufmerksamkeit mehr auf Ereignisse, die uns nicht gefallen, und bemerken die anderen bestenfalls, wenn sie uns nicht mehr zur Verfügung stehen.

Dann reagieren wir mit Enttäuschung oder Ärger. Dankbarkeit erfordert also wache Aufmerksamkeit im Augenblick. Um die zu schulen, können Sie damit anfangen, erst einmal im Nachhinein zu reflektieren, was Sie an einem ganz gewöhnlichen Schultag alles bekommen haben: Die Schule war schon hell und warm, als Sie ankamen, zwei Kollegen haben gerade herzlich gelacht, als Sie das Lehrerzimmer betraten. Auf dem Weg zu Ihrer Klasse haben einige Schüler Sie gegrüßt, eine sonst sehr stille Schülerin hat im Unterricht eine bemerkenswerte Frage gestellt, die beiläufige Bemerkung eines Kollegen brachte Sie auf eine gute Idee für die nächste Klassenarbeit ... Diese Liste lässt sich in der Regel sehr lange fortsetzen. Tun Sie das regelmäßig auf dem Nachhauseweg. Sie kommen in viel besserer Verfassung zu Hause an und trainieren Ihren Optimismus-Muskel auf sehr angenehme Weise. Wenn Sie diese Ereignisse auch noch aufschreiben, wird die Bewusstmachung noch intensiver. Das Optimismus-Training wird sich auf die nächsten Tage auswirken, denn Sie werden automatisch mehr angenehme Selbstverständlichkeiten wahrnehmen – die gar nicht so selbstverständlich sind. Sie können sich leicht ausmalen, was das für einen Unterschied macht im Vergleich zu der Gewohnheit, besonders die ärgerlichen Vorfälle und das, was nicht wunschgemäß läuft, wahrzunehmen und zu speichern. Es geht nicht darum, Schwierigkeiten zu ignorieren oder zu bagatellisieren. Es geht darum, sich durch die Ausrichtung der Aufmerksamkeit auf die wohltuenden Ereignisse und die Geschenke des täglichen Lebens so optimistisch zu stimmen, dass man mit den Schwierigkeiten leichter umgehen kann. In unterschiedlichen Religionen und Weltanschauungen wird Dankbarkeit als wesentliche Lebenskunst betrachtet und durch ständige Übung und Meditation aufgebaut und gestärkt.

Optimisten und Pessimisten haben unterschiedliche Erklärungsmuster für die Höhen und Tiefen im Leben.[16] Pessimisten neigen dazu, Misserfolge und ungünstige Ereignisse zu generalisieren und auf sich persönlich zu beziehen. Sie sehen die Ursachen als unveränderlich an. Optimisten schreiben die Ursache für unerfreuliche Ereignisse den Umständen zu. Sie generalisieren vor allem Erfolge und erfreuliche Erfahrungen. Unangenehme Zustände und schwere Zeiten halten sie für vorübergehend, während Pessimisten erwarten, dass Glück und Freude nicht von Dauer sind. Diese Denkmuster gehören zu den kognitiven Fähigkeiten, die gelernt sind und jederzeit gelernt werden können. Jeder kann in sich und für sich Denkgewohnheiten entwickeln, die seinen Optimismus untermauern. Voraussetzung dafür ist, dass Sie es überhaupt wahrnehmen, wenn Sie sich selbst mit Ihren Zuschreibungen und Überzeugungen deprimieren und entmutigen. Mit der Zeit können Sie feinere Antennen entwickeln für solche pessimistischen Deutungen. Dann fällt es Ihnen eher auf, wenn Sie selbst oder andere derartige Äußerungen von sich geben. Sie können damit beginnen, diese in Richtung Optimismus zu korrigieren. »Ich kriege die Klasse einfach nicht ruhig«, enthält die Vermutung, dass es an mir liegt und dauerhaft ist. Der Gedanke: »Die Klasse war heute sehr unruhig nach der Mathearbeit«, hingegen schließt den Gedanken ein, dass ich nicht die Ursache bin und dass die Ursache und damit auch der Sachverhalt veränderlich ist.

Optimismus-Training: Pessimistische Aussagen in optimistische verwandeln

Kommen Ihnen manche der folgenden Deutungen und Schlussfolgerungen vielleicht bekannt vor? – Wenn Sie Ihr Gespür für pessimistische Überzeugungen und ihre optimistisch stimmenden Gegenstücke trainieren wollen, wandeln Sie die einzelnen Aussagen um in eher optimistische.

- Ich bin völlig am Ende.
- Von denen nimmt mich keiner ernst.
- Ich hatte ausnahmsweise mal einen guten Tag.
- Wenn ich mich sehr anstrenge, kriege ich es vielleicht hin.
- Sollte ich je wieder gesund werden, dann …
- Das war bloß ein Glückstreffer.
- Meine Kollegen sind besser als ich.
- Ich werde das nie schaffen.
- Sicher bedeutet dieser Gesprächstermin beim Chef nichts Gutes.
- Mit unserem alten Drucker kannte der Kollege sich aus.
- In dem Elterngespräch hat sich gezeigt, dass ich unsicher bin.
- Zielvereinbarungen sind nutzlos, am Ende habe ich es doch nicht geschafft.
- Diese Aufgabe habe ich ganz gut erledigt.
- In Prüfungsstunden verkaufe ich mich einfach schlecht.
- Ich bin methodisch einfallslos.

Anregungen für eine optimistische Umwandlung finden Sie auf S. 124.

Über diese kognitiven Deutungen und Zuschreibungen hinaus ist das Ausmaß unseres Optimismus auch abhängig davon, welche Erfahrungen wir im Leben gemacht haben und wie stark unser Gefühl von Kohärenz und Vertrauen in die Prozesse des Lebens ausgebildet ist. Menschen, die diese Fähigkeit im Lauf ihrer Kindheit nicht ausreichend entwickeln konnten, weil es zu wenig glaubwürdige Beziehungen und verlässliche Bedingungen gab, können dies auch als Erwachsene noch nachholen. Wer mit anderen Menschen arbeitet, muss diese Chance nutzen. Denn wie sollte er glaubhaft vermitteln können, dass man positive Veränderungen durch die eigenen Anstrengungen bewirken kann, wenn er selbst nicht über diese Zuversicht verfügt? Sie können diese Fähigkeit trainieren, indem Sie immer wieder üben, die eigenen Gefühle wahrzunehmen. Dann gilt es, sich bewusst zu machen, dass diese Gefühle nicht in erster Linie durch die äußeren Umstände und Ereignisse erzeugt werden, sondern vor allem durch die Art, wie Sie diese bewerten. Wenn es Ihnen gelingt, andere optimistischere Erklärungen und Deutungen für die gleichen Ereignisse zu finden, ändern sich auch Ihre Gefühle. So kann man sich angewöhnen, immer wenn die Gefühle »in den Keller gehen«, zu prüfen, welche Gedanken der Auslöser dafür waren. Dann kann man förderliche und ermutigende Gedanken dagegensetzen. Wenn Sie feststellen, dass Sie zu Pessimismus neigen, beginnen Sie, Ihre eigenen Denkmuster zu hinterfragen. Hilfreiche Fragen dabei sind: »Gilt das immer? Welche Ausnahmen fallen mir ein? Was wäre in diesem Fall eine wahrscheinliche positive Erklärung?« Wenn Sie dies beharrlich tun, werden Sie Ihren Optimismus auch angesichts von Rückschlägen entwickeln und behalten.

Inge L. hat beispielsweise festgestellt, dass sie vor und während Elternabenden unerklärlich nervös und angespannt ist. Statt sich wie früher noch akribischer vorzubereiten, nimmt sie inzwischen diese Gefühle zur Kenntnis und erlaubt sie. Durch Selbstbeobachtung sind ihr dann die auslösenden Gedanken bewusst geworden: »Wahrscheinlich fällt mir wieder nichts Schlagfertiges ein beim Small Talk am Anfang ... Ich werde doch so schnell rot, die denken dann bestimmt, ich hätte was zu verbergen. Nehmen die mich überhaupt ernst? Leons Vater ist Psychologe, der stellt immer so merkwürdige Fragen, um mich vorzuführen ...« Zuerst braucht Inge noch die Hilfe eines Coachs, um im Zusammenhang mit Elternabenden optimistische Gegengedanken zu finden:

»Ich muss gar nicht so viel Small Talk führen, ich höre einfach freundlich und aufmerksam zu. Manche Eltern werden auch rot, wenn sie vor der ganzen Gruppe sprechen. Ich nehme mich und meine Bemühungen ernst ... Leons Vater will vielleicht vor allem die anderen Eltern beeindrucken.« Inzwischen findet sie alleine Alternativen, um die niederschmetternde Wirkung der ersten Gedanken zu relativieren und sich optimistischer zu stimmen. Sie macht die Erfahrung, dass sie dadurch viel unkomplizierter und gelassener mit den Eltern umgehen kann und dass es kein Problem ist, wenn sie ein bisschen nervös ist.

Zur Übung auf Seite 121:

Anregungen für eine optimistische Umwandlung

Bitte betrachten Sie die vorgeschlagenen Aussagen als Anregung. Es gibt viele Möglichkeiten der Umwandlung. Vielleicht finden Sie auch für jeden Satz drei weitere Alternativen, sie optimistischer klingen zu lassen?

- **Ich bin völlig am Ende.** → Ich bin zur Zeit ziemlich erschöpft.
- **Von denen nimmt mich keiner ernst.** → Die haben über die Planänderung nicht mit mir gesprochen.
- **Ich hatte ausnahmsweise mal einen guten Tag.** → Ich habe meistens Glück.
- **Wenn ich mich sehr anstrenge, kriege ich es vielleicht hin.** → Ich bin begabt und einfallsreich.
- **Sollte ich je wieder gesund werden, dann ...** → Bald geht es mir wieder besser. Dann ...
- **Das war bloß ein Glückstreffer.** → Ich kann günstige Umstände gut nutzen.

- **Meine Kollegen sind besser als ich.** → Ich vertraue auf meine Fähigkeiten.
- **Ich werde das nie schaffen.** → Ich habe gerade eine schlechte Phase.
- **Sicher bedeutet dieser Gesprächstermin beim Chef nichts Gutes.** → Vielleicht gibt es in diesem Gesprächstermin beim Chef interessante Neuigkeiten.
- **Mit unserem alten Drucker kannte der Kollege sich aus.** → Der Kollege ist technisch versiert.
- **In dem Elterngespräch hat sich gezeigt, dass ich unsicher bin.** → Nach dem Gespräch habe ich den Eindruck, dass manche Eltern mich für unsicher halten.
- **Zielvereinbarungen sind nutzlos, am Ende habe ich es doch nicht geschafft.** → Dieses Mal habe ich mein Jahresziel knapp verfehlt.
- **Diese Aufgabe habe ich ganz gut erledigt.** → Ich bin eine gute Lehrerin.
- **In Prüfungsstunden verkaufe ich mich einfach schlecht.** → Ich war dieses Mal vor dem Prüfungsausschuss sehr nervös.
- **Ich bin methodisch einfallslos.** → Ich würde meine bewährten Methoden gerne erweitern.

Wichtig für Optimismus: Schauen Sie auf die kleinen Fortschritte. Sie erfordern manchmal schon einiges an Umdenken, doch setzen sie ganz schön viel Kraft und Energie frei. Verzagen Sie nicht, wenn Sie mehrere oder viele Anläufe brauchen. Wenn Sie sich mit Veränderungen schwertun, versuchen Sie nicht, sich um jeden Preis einzureden, dass am Ende alles gut wird. Finden Sie lieber in anstehenden Veränderungen erst einmal drei Vorteile, bevor Sie sich den Nachteilen zuwenden. Das bahnt Ihre neuronalen Netzwerke in Richtung Optimismus, ohne dass Sie sich einseitig »positives

Denken« verordnen. Mit Misserfolgen konstruktiv umgehen und Zuversicht entwickeln, ohne die Schwierigkeiten zu leugnen, ist eine der wichtigsten Überlebensstrategien. »Versuche ich es eben noch mal!« ist ein optimistischer Satz par excellence. Wer einfach nur glaubt, dass alles von selber gut wird, pflegt einen naiven Optimismus, der Anfangsenergie bereitstellt und kurzfristig beruhigen kann. Realistische und beharrliche Optimisten sind auf Rückschläge und Hindernisse gefasst *und* darauf, sie zu überwinden.

Kleine Ursache – große Wirkung: Für mehr Optimismus

- **Lebensfreude ausbauen:** Schaffen Sie sich eine Umgebung, die Ihren Optimismus fördert! Lesen Sie entsprechende Bücher, schauen Sie heitere Filme, hören Sie beschwingte Musik.
- **Erfreuliches bewusst erleben und wahrnehmen:** Üben Sie die Haltung der Dankbarkeit für die vielen kleinen Geschenke, die Sie jeden Tag von Neuem bekommen – Gegebenheiten, Gefälligkeiten, Begegnungen.
- **Ansteckungschancen nutzen:** Lassen Sie sich von Optimismus infizieren. Suchen Sie Kontakt zu Menschen, die Hoffnung machen und gute Laune verbreiten.
- **Gute Laune strecken:** Dehnen Sie optimistische Stimmungen aus und achten Sie darauf, wie sie entstanden sind. Dann können Sie diese Umstände gezielt herbeiführen.
- **Optimistische Denkmuster kultivieren:** Beobachten Sie (und lassen Sie sich von Menschen Ihres Vertrauens spiegeln), welche Schlussfolgerungen Sie aus Gegebenheiten und Vorfällen ziehen, die Sie

ängstigen, entmutigen, frustrieren. Prüfen Sie diese Interpretationen auf ihre Wahrscheinlichkeit und ihren Wahrheitsgehalt und verwandeln Sie sie in solche, die Sie aufbauen, ermutigen und zuversichtlich stimmen.

Akzeptanz ausbauen

→ *Nehmen Sie Bedingungen oder Ereignisse, auf die Sie keinen Einfluss haben, mit Gelassenheit an?*

→ *Gelingt es Ihnen, Ärger und Groll über das Verhalten anderer Menschen – Schüler, Kollegen, Eltern – nach einiger Zeit loszulassen?*

→ *Schließen Sie Frieden mit Ihren eigenen Unzulänglichkeiten und Begrenzungen?*

Den meisten Menschen bieten sich mehrere »Baustellen«, an denen sie für eine Erweiterung und Stärkung ihrer Akzeptanz ansetzen können. Sie beziehen sich auf äußere Gegebenheiten, Interaktion und Kommunikation mit anderen und nicht zuletzt die eigene Person. Über Deutschland und sogar Europa hinaus klagen Lehrkräfte über die Dinge,[17] die sie offenbar nicht ändern können, sonst hätten sie es doch längst getan, zumindest einige! Etliche Studien[18] belegen, dass die Mehrzahl der deutschen Arbeitnehmer sich unzufrieden über ihren Job äußert. Zum Teil wird das darauf zurückgeführt, dass sie sich hinsichtlich ihrer Berufswahl nicht frei nach ihren Talenten und Neigungen entschieden haben, sondern sich von einseitigen Vorstellungen des Berufes und typisch westeuropäischen Kategorien wie »Macht«, »Reichtum«, »Sicherheit« oder »lebenslanges Auskommen« haben leiten lassen. Wenn sie sich dann irgendwann im Hamsterrad drehen, fällt der Ausstieg schwer. Sie reden sich und anderen ein, dass sie »am richtigen Platz« sind oder keine Wahl haben. Diese Täuschung kostet unendlich viel Energie, die dann für die eigentlichen Aufgaben oder auch für Ausstieg und echten Neubeginn fehlt. Diese Haltung verhindert einerseits, dass die Menschen das leisten, was sie leisten können, und andererseits, dass sie ihre wahren Fähigkeiten im Berufsleben und die Freude daran niemals entdecken. Viele Deutsche – ganz gleich, ob ihre Berufswahl richtig oder falsch war – nörgeln über ihre Arbeit, als sei sie eine Heimsuchung: eine ständige Belastung, die verhindert, dass sie ihren eigenen Bedürfnissen nachgehen können. Dabei ist Arbeit eine Quelle für Sinn im Leben. Wer sein Tun grundsätzlich sinnerfüllt sieht, ist in der Lage, einiges daran zu akzeptieren, was beschwerlich oder belastend ist. Alle grundsätzlich positiven Gegebenheiten im Leben haben auch ihre Schattenseiten. Mit denen lässt sich leichter umgehen, wenn ich einen Sinn und eine Erfüllung im Gesamten finde. Sich den Sinn seiner Aufgabe und seines Tuns immer wieder bewusst zu machen bahnt den Weg zur Akzeptanz der damit verbunden Unbequemlichkeiten und Widrigkeiten. Wenn Ihnen mal wieder der Sinn Ihres Tuns verloren geht, beantworten Sie sich die folgenden Fragen.

Sich den Sinn der Aufgabe und des Tuns bewusst machen

- Was ist meine eigentliche Aufgabe? Wie kann ich mich damit identifizieren?
- Welche Aufgaben habe ich zusätzlich übernommen, die meinen Sinn für Authentizität stärken?
- Bei dem, was mir gerade gegen den Strich geht: Wie kann ich gerade hier meine Kernaufgabe wenigstens teilweise erfüllen? Was bedeutet es für mich, wenn es mir gelingt?

- Was hat mich bewogen, diesen Beruf zu wählen? Ist diese Grundmotivation immer noch tragfähig? Wenn ja: Wie bringe ich sie unter den gegebenen Umständen ein? Wenn nein: Welche Motivation treibt mich heute dazu, in diesem Beruf zu bleiben, und wie kann ich mich zum Wohle aller von ihr inspirieren lassen? Was ist heute meine Motivation, und wie übernehme ich die Verantwortung dafür, sie auf verschiedenen Wegen umzusetzen?
- Was fällt mir ein, das meinen Job – so, wie er nun einmal ist – angenehm macht, sinnvoll, erfüllend? Manchmal führt auch ein gedanklicher Umweg zur Antwort: Wie könnte ich mir meine Arbeit unangenehmer machen, sinnloser, sodass mir der Job ganz verleidet ist?

Der Glaube an einen übergeordneten Zusammenhang stärkt unsere Fähigkeit, Widrigkeiten zu ertragen und lösungsorientiert mit ihnen umzugehen. Interpretieren wir ungewollte Gegebenheiten und Veränderungen in erster Linie als Störungen und Verluste, scheinen die damit verbundenen Umstände uns willkürlich zu treffen und uns das Leben zu erschweren. Wir lehnen uns auf und hadern oder ergeben uns resigniert. Gehen wir hingegen davon aus, dass unerwünschte und widrige Tatsachen und Umgestaltungen immer auch Anfragen an uns selbst enthalten, persönliche und strukturelle Entwicklungschancen bieten und damit einen Sinn und einen Grund haben, auch wenn wir ihn (noch) nicht kennen, wächst unser Vertrauen in die Prozesse des Lebens. Da sich dieser »gute Grund« häufig erst im Nachhinein erschließt, führen zum Beispiel die Antworten auf folgende Fragen zu mehr Akzeptanz.

Einen »guten Grund« entdecken

- Bei allem Unbehagen und Widerstand, den diese Maßnahme oder Entscheidung in mir auslöst (und den es auch zu akzeptieren gilt): Wozu könnte sie auch gut sein? (Am besten mindestens drei Vorteile oder reizvolle Konsequenzen finden.)
- Wenn ich sie schon nicht ändern kann: Wie kann ich sie möglichst leicht, schnell, sinnvoll und angenehm erfüllen? Und schon sind Sie bei der Lösungsorientierung.
- Was hat mich in dieser Stunde, heute, in dieser Woche, in diesem Halbjahr erfreut? Was hat mir Schwierigkeiten bereitet?

Diese drei Fragen bahnen den Weg zu mehr Akzeptanz, weil sie die Aufmerksamkeit darauf lenken, dass wir im Leben immer »vollständige Päckchen« bekommen. Angenehmes und Unangenehmes, Erfreuliches und Unerfreuliches, Glück und Pech, Komisches und Tragisches – alles ist im gleichen Paket. Die Frage ist nur, von welcher Seite wir das Päckchen zuerst öffnen und wie wir mit dem Inhalt verfahren. Die verschiedenen Seiten gehören zusammen, sie sind gleichzeitig da. Nur unsere Wahrnehmung und unser Denken trennen sie. Worauf Sie sich konzentrieren, haben Sie selbst in der Hand. Sie können den sonnigen Himmel dauernd nach Regenwolken absuchen und sich am Schirm festklammern. Sie können, wenn Sie gerade die Schattenseite erwischt haben, sich warm anziehen und sich an einzelnen Sonnenstrahlen erfreuen. Jeder kann lernen, das Erfreuliche zu sehen und das andere zu akzeptieren in dem Wissen, dass ohnehin alles gleichzeitig da ist.

Das gilt auch, wenn es um die Akzeptanz anderer Menschen geht. Lehrpersonen fällt es oft besonders schwer zu akzeptieren, wenn es nicht in ihrer Macht steht, andere zu überzeugen oder zur Einsicht zu bringen, seien es Schüler, Eltern, Kollegen oder private Freunde und Familienmitglieder. Die Voraussetzung dafür, andere Menschen in ihren Eigenheiten akzeptieren zu können, ist eine versöhnliche Grundhaltung. Und diese kommt auch Ihnen selbst zugute: Je häufiger es Ihnen gelingt, anderen mit Verständnis und Nachsicht zu begegnen, desto leichter fällt es Ihnen, diese Haltung auch sich selbst entgegenzubringen – und umgekehrt. So wird sozusagen ein Perpetuum mobile der Akzeptanz in Gang gesetzt.

Das Perpetuum mobile der Akzeptanz in Gang setzen

Wenn Sie trainieren wollen, mehr Akzeptanz aufzubringen, achten Sie einmal für eine Woche oder auch länger bewusst darauf, wann Sie sich über jemanden aufregen, über jemanden etwas Negatives denken oder schlecht über ihn reden. Sobald Sie Gedanken oder Aussagen bei sich wahrnehmen wie: »Dieser total nervige Sven!« oder »Diese unfähige und unverschämte Mutter!«, konzentrieren Sie sich im Stillen auf folgende Aussagen:

- Friede sei mit dir und Friede sei mit mir.
- Du bist nicht perfekt, genau wie ich, und hast deine Macken, genau wie ich auch.
- Ich wünsche dir, dass es dir gut geht und dass du bekommst, was du brauchst.

Diese Übung,[19] mit der Sie gleichzeitig sich selbst und andere annehmen lernen, macht bewusst und unbewusst klar, dass wir alle fehlbare und unvollkommene Menschen sind. Das ist ganz normal und kein Grund, jemand anderen oder sich selbst nicht zu mögen, zu kritisieren oder abzulehnen. Meistens beschert diese Übung nicht nur einen Zuwachs an Toleranz anderen gegenüber, sondern auch an Selbstakzeptanz. Lassen Sie sich überraschen, was sie bei Ihnen bewirkt.

Wenn wir mit Ereignissen von außen fertigwerden müssen, verhilft uns oft auch der kognitive Verstand zu Akzeptanz. Sobald sich die emotionalen Wogen geglättet haben und wir wieder klar denken können, versuchen wir nach und nach, uns die Zusammenhänge so zu erklären und die Dinge so zu ordnen, dass wir akzeptieren können, was geschehen ist. Wird jedoch unsere innere Welt erschüttert, brauchen wir andere Herangehensweisen. Unsere Versuche, Schmerz, Trauer oder Angst über logische Erklärungen loszuwerden oder erst gar nicht zuzulassen, können diese Gefühle eher noch vergrößern. Der Versuch, sie zu unterdrücken, ist bestenfalls kurzfristig wirksam, langfristig bewirkt er eher das Gegenteil. Nicht die Gefühle oder die innere Not sind das Problem, das uns behindert, sondern die Tatsache, dass wir sie nicht wahrhaben wollen und dagegen ankämpfen. Akzeptanz bedeutet, mit diesen Gefühlen leben und nicht trotzdem. Die sehr erfolgreiche Akzeptanz-Commitment-Therapie (ACT)[20] gründet sich darauf, dass Menschen sich selbst und ihre Gefühlswelt besser kennenlernen. Dass sie akzeptieren lernen, dass sich weder die Außenwelt noch die Innenwelt eindeutig kalkulieren lassen. Und dass sie verstehen lernen, dass ihre Gedanken nur Gedanken sind und nicht die Realität. Der Weg zur Akzeptanz führt bei inneren Prozessen über Lassen statt über Tun: annehmen statt kämpfen, nachgeben statt standhalten, zulassen statt kontrollieren. Für viele ist die Vorstellung, die Kontrolle loszulassen, beängstigend, doch genau das schafft Spielraum und Freiheit für neue Entwicklungen und Entscheidungen.

Negative Bewertungen und Gefühle loslassen

Um die Fähigkeit, einer Situation oder einem Menschen unvoreingenommen zu begegnen, einzuüben, eignen sich auch die Fragestellungen des Naikan.[21] Ein Ziel der japanischen Methode zur Selbsterkenntnis ist es, negative Gefühle und Bewertungen loszulassen, indem man sich der Fakten seines Lebens bewusst wird. Dazu reflektiert man bestimmte Lebensphasen, Situationen oder Interaktionen mit anhand von drei Fragen. Wählen Sie einen Zeitabschnitt (beispielsweise den gestrigen Tag) und geben Sie den Antworten Zeit, um wie von selbst aufzutauchen.

- Was habe ich bekommen?
- Was habe ich gegeben?
- Welche Schwierigkeiten habe ich bereitet?

Es ist hilfreich, die Antworten aufzuschreiben. Sammeln Sie ganz konkrete und sehr genaue Beobachtungen, damit Sie eine Spiegelung des tatsächlich Geschehenen erhalten und nicht nur Ihre subjektive Meinung und Schlussfolgerungen dazu. So könnte Ihre Liste aussehen:

Zu Frage 1:
- Schülerin Svea hat mir meinen Schlüssel hinterhergebracht.
- Kollege Martin hat mich auf die Terminänderung aufmerksam gemacht.
- …

Zu Frage 2:
- Ich habe mich am Ende der Stunde bei meiner Klasse für ihre Mitarbeit bedankt.

- Ich habe Kollege Hans einen interessanten Artikel zu seinem Projekt ins Fach gelegt.
- ...

Zu Frage 3:
- Ich habe das versprochene Notenblatt für Meike vergessen.
- Ich habe sehr gereizt reagiert, als Schüler Lars mich nach dem Test gefragt hat.
- ...

Schwierige Situationen emotional wieder zu durchleben bringt in aller Regel nur die unangenehmen und schmerzlichen Gefühle zurück. Indem Sie die konkreten Tatsachen benennen, was andere für Sie und Ihretwegen getan haben und wie Sie selbst sich verhalten haben, nähern Sie sich daran an, die Situation wahrzunehmen, wie sie ist, als »vollständiges Paket«. Auch wenn es am Anfang vielleicht ungewohnt und mühsam ist, solche »Kleinigkeiten« zu erinnern – je öfter Sie üben, desto reichlicher stellen sie sich ein. Auf diese Weise wird Ihnen bewusst, dass selbst in schweren Zeiten und Krisen immer jemand oder etwas da war, der oder das Sie unterstützt und versorgt hat. Und so ist es auch in den gerade aktuellen Situationen. Mir bewusst zu machen und wertzuschätzen, was mir alles gegeben wird, löst ein tiefes Gefühl von Dankbarkeit aus, ein Schlüssel zu Akzeptanz und innerer Zufriedenheit.

Kleine Ursache – große Wirkung:
Für mehr Akzeptanz

- **Unbequemlichkeiten normalisieren:** In jedem Beruf und bei jeder Tätigkeit gibt es ungeliebte Elemente und schwierige Phasen, die in Kauf zu nehmen sind. Kultivieren Sie dafür eine akzeptierende Haltung, damit sie nicht zu Energieräubern werden.
- **Auf einen grundsätzlichen Sinn vertrauen:** Auch in Umständen, die mir nicht gefallen, stecken Sinn und Entwicklungsmöglichkeiten, die meist erst im Nachhinein erkennbar sind.
- **Eigene Ansprüche ins Lot bringen:** Es ist normal, auch mal Angst zu haben, deprimiert zu sein, zu versagen, nicht bei allen anzukommen, zu zweifeln.
- **Chance des Wandels erkennen:** Wenn alles im Leben dem Wandel unterworfen ist, dann können wir nichts festhalten – und wir brauchen es auch nicht.
- **Pakete des Lebens vollständig auspacken:** In allen schweren Situationen sind immer auch Geschenke enthalten, für die wir dankbar sein können.
- **Den Weg ebnen:** Verständnis, Nachsicht und Toleranz sind wichtige Schritte zur Akzeptanz. Haben Sie Geduld mit sich, wenn Sie auf dem Weg sind, und akzeptieren Sie auch, dass Sie etwas (noch) nicht akzeptieren können.

Lösungsspielräume öffnen

→ *Sind Sie flexibel genug, Ihre Vorstellungen anzupassen, wenn die Umstände sich ändern?*

→ *Üben Sie sich darin, Alternativen für Ihr Vorgehen zu entwickeln und einzusetzen?*

→ *Gehen Sie immer wieder offen auch an gewohnte Aufgaben heran?*

→ *Aktivieren Sie Ihre Kreativität, um sich Dinge zu erleichtern?*

Lösungsorientiert sein bedeutet, sich auf innere Suchprozesse einzulassen, die Zugang zum gesamten Reichtum unserer Gestaltungskraft und Kreativität verschaffen. Darin eingeschlossen sind alle Fähigkeiten, Talente, Visionen und Sichtweisen, die schon in uns sind, von denen wir aber keinen Gebrauch machen, solange wir Vorkommnisse und Situationen einseitig und festgefahren als Problem empfinden und definieren. Lösungsorientiert sein heißt also, die eigene Fantasie zu beflügeln und die individuelle Vorstellungskraft anzuregen, diese anzuzapfen und die Perspektive zu wechseln, Lösungsmöglichkeiten wahrzunehmen und erste Schritte in Richtung Veränderungsprozess zu unternehmen. Die Öffnung der Blickrichtung ist bereits ein erster Schritt dahin.

Eine einseitige Problemsicht wird, wie schon gesagt, nicht durch Ereignisse oder Sachverhalte ausgelöst, sondern durch die entsprechenden subjektiven Wahrnehmungen und Erklärungsmodelle. Etwas als Problem zu erkennen und zu definieren führt ohne die Bereitschaft zum Perspektivenwechsel und zur selbst veranlassten Veränderung (vgl. Veränderungskraft, S. 81) noch nicht zur Lösung. Zwar bergen Probleme immer auch schon Lösungen in sich, diese müssen jedoch herausgeschält werden. Eine wesentliche Voraussetzung für dieses Offenlegen ist häufig die Akzeptanz der Realitäten: Es ist etwas geschehen, das eine neue Ausrichtung und Entwicklung verlangt. Bestimmte Gegebenheiten sind definitiv Vergangenheit. So wie es bisher war, wird es nicht wieder werden. Der erbitterte Versuch, Vertrautes oder Bewährtes festzuhalten, bringt nicht weiter. Widerstandskraft ist hier nicht (mehr) zielführend, jetzt geht es um Anpassung und Veränderung. Für die Ungeduldigen: Die Realität nach und nach wahrzuhaben und die Phasen der Akzeptanz mit ihren widerstreitenden Gefühlen und Zuständen zu durchleben ist häufig schon eine Bewegung in Richtung Lösungsorientierung. Dies wird aber häufig nicht als solches wahrgenommen und daher eher bekämpft und abgewehrt als entwickelt und unterstützt.

Wir boykottieren den Prozess der Lösungsorientierung, wenn wir gedankliche Blockaden aufbauen, die verhindern, dass wir überhaupt kreative Lösungsansätze entwickeln und zulassen, geschweige denn verfolgen. »Da gibt es nur eins!« oder: »Das bringt doch nichts!« sind typische Beispiele für solche Lösungsblockaden. Vielleicht kommen Ihnen einige Variationen solcher »Killerphrasen« bekannt vor. In welchen Situationen werden sie geäußert und was bewirken sie dann? Sie fokussieren die Aufmerksamkeit auf die Defizite, auf das, was nicht funktioniert. Sie erwecken oder verstärken den Eindruck von Aussichtslosigkeit und Unüberwindbarkeit. Unser gesamter Organismus ist alarmiert. Das neuronale Netzwerk für Stresssituationen wird in Gang gesetzt und konsolidiert. So wird eine gelöste und unverkrampfte Verfassung verhindert, in der innovative und kreative Ideen auftauchen könnten (vgl. Resilienzaspekt »Selbstregulierung« ab S. 61). Auf diese Weise ermöglichen die Lösungsblockaden auch, dass man die Anforderung erst einmal von sich fernhalten kann und sich im Widerstand verschanzt. Sie verhindern also, dass Lösungen überhaupt gedacht werden können. Auf den zweiten Blick jedoch enthalten sie auch schon Ansätze und Hinweise auf mögliche Denkansätze, die aus der Verschanzung hinausführen können. Die Aussagen: »*Das* geht nicht« oder »*So* geht das nicht!« schließen letztlich nur eine Möglichkeit aus. Von dort aus lässt sich die Aufmerksamkeit und Gestaltungskraft in andere Richtungen lenken: »Wenn das nicht geht, was würde gehen?« beziehungsweise: »*Wie* könnte es denn gehen?«

Lösungsblockaden abbauen

Wenn Sie sich darin üben wollen, Lösungsblockaden aufzulösen, formulieren Sie für die folgenden Aussagen entsprechende Fragen, die von hinderlichen Barrieren in Richtung Lösungsansätze steuern.

- Dazu haben wir keine Zeit.
- Das kann nicht funktionieren.
- Bei uns ist das anders.
- Das tun wir eh nur für …
- Das wird nicht gut gehen.
- Bisher ging es doch auch anders.
- Das ist doch völlig unrealistisch.
- So kann es nicht mehr weitergehen.

Anregungen für Blockaden abbauende Fragen finden Sie auf S. 140.

Die meisten von uns sind so erzogen und sozialisiert, dass wir Gegebenheiten und Ereignisse schnell bewerten und beurteilen. Lehrende sind in der Regel besonders trainiert darin, schnell zu urteilen, hierzulande wird es üblicherweise als Teil ihrer Aufgabe verstanden. Diese Fähigkeit hat auch durchaus ihren Wert, es ist nur wichtig, sie so zu steuern, dass sie Ideenreichtum und Lösungskompetenz nicht vorschnell im Keim erstickt. Einer, der diese Haltung durch den Einsatz an passender Stelle hervorragend genutzt hat, war Walt Disney. Nach ihm ist eine Strategie für kreative Prozesse benannt, die durch NLP[22] wegen ihrer Effizienz weit verbreitet wurde. Walt Disney wird nachgesagt, dass er für seine weltweit überaus erfolgreichen Filmproduktionen drei Schaffenszustände kreierte und so miteinander verknüpfte, dass Fantasie wie auch pragmatische Umsetzungsfähigkeiten Hand in Hand gingen. Am Anfang durchlief er diese Phasen alleine für sich, später übergab er die entsprechenden Aufträge an geeignete Mitarbeiter. Als erstes wurden in einer kreativen Phase innovative Ideen gesucht. Hierfür setzte er verschiedene Kreativitätstechniken wie Assoziationsketten oder Brainstorming ein, bei denen kommentarlos alles gesammelt wird, was auftaucht. Als Zweites schlug die Stunde der Realisten, jetzt ging es um die Frage, was von diesen Ideen auf welche Weise umsetzbar wäre. Und als Drittes kamen die skeptischen Geister zum Zuge, mit dem Auftrag, alles kritisch zu hinterfragen und alle möglichen Bedenken vorzubringen. Dann bekamen die Kreativen die Aufgabe, unter Berücksichtigung dieser Einwände neue Ideen zu entwickeln, wie das Produkt zu optimieren sei. Weiter ging es wieder mit den Ingenieuren und Zeichnern, danach mit den Kritikern. Diese Abfolge wurde mehrmals durchlaufen, bis das Ergebnis einwandfrei war. Ausschlaggebend ist bei dieser Methode, dass die Phasen des Prozesses deutlich unterschieden und getrennt gestaltet werden. So verhindert man, dass die Ideensuche durch kritische Kommentare gestört wird oder dass die Bedenkenträger von den übrigen Beteiligten als Störenfriede empfunden und verunglimpft werden. Bei vielen Konferenzen und Besprechungen, die nach den üblichen Gepflogenheiten verlaufen, wird viel kreatives Potenzial untergraben und gehemmt durch sofortige Kritik oder promptes Infragestellen der Umsetzbarkeit. Fallen Ihnen Sitzungen ein, die genau an der Stelle geendet haben? Die Bedenkenträger sehen ihre Blockaden bestätigt, die Pragmatiker fühlen sich ausgebremst, die Kreativen geben auf und die meisten warten frustriert, dass sie endlich gehen können. Die Disney-Strategie ist für gute Lösungen wesentlich erfolgversprechender: erst die Ideen, dann die Methoden und erst dann die

Zur Übung auf Seite 138:

Anregungen: Lösungsblockaden abbauen

Die folgenden Vorschläge sind keine »richtigen« Antworten, denn das würde bedeuten, dass es auch falsche gibt. Das Kriterium ist nicht »richtig« oder »falsch«, sondern es geht darum, was die Frage bewirkt und wo sie hinführt. Verstehen Sie die folgende »Auflösung« also als Impulse, die in Richtung Lösungsorientierung führen.

■ **Dazu haben wir keine Zeit.** → Wofür nehmen wir uns Zeit? Wenn Zeit keine Rolle spielen würde, würden wir es dann machen? Wenn ja: Wo könnten wir die Zeit dafür hernehmen? Wie können wir es möglichst zeiteffizient machen? Wenn nein: Was ist der eigentliche Grund der Ablehnung? Wie wollen wir damit umgehen?

■ **Das kann nicht funktionieren.** → Was könnte denn funktionieren? Wie könnte es funktionieren?

■ **Bei uns ist das anders.** → Wie ist es bei uns? Was ist bei uns möglich?

■ **Das tun wir eh nur für ...** → Was könnten wir davon haben? Wie könnte es für uns nützlich sein?

■ **Das wird nicht gut gehen.** → Was würde denn gut gehen? Wie könnte es gut gehen?

■ **Bisher ging es doch auch anders**. → Was von dem »anders« hat sich wirklich bewährt? Was davon wäre auch zukunftstauglich? Unter den veränderten Voraussetzungen – wie lässt sich das Neue umsetzen?

■ **Das ist doch völlig unrealistisch.** → Was daran ist unrealistisch? Wie wäre es realistisch?

■ **So kann es nicht mehr weitergehen.** → Was kann nicht mehr so weitergehen? Wie genau kann es nicht mehr weitergehen? Wie könnte »es« weitergehen?

Kritik. Die Kritik wird nie als frustrierender Endpunkt stehengelassen, sondern als Impuls für Verbesserungen genutzt. So finden alle Beteiligten ihren Beitrag im Gesamtergebnis wieder. Das Ungewohnte und damit die größte Herausforderung wird für viele darin liegen, sich mit dem Urteilen und Bewerten zurückzuhalten, bis es an der Reihe ist. Dann kann es konstruktiv aufgenommen und verarbeitet werden und dient der Lösungsentwicklung und nicht der Lösungsverhinderung.

Wie bereits gesagt, lautet ein Prinzip des lösungsorientierten Ansatzes: »Nur wer das Problem hat, hat auch die Lösung.« Das bedeutet, dass die Qualität einer Lösung nicht allgemeingültig ist. Sie hängt immer davon ab, wie das Problem definiert und empfunden wird und welche Kriterien subjektiv an eine gute Lösung angelegt werden. Das Beispiel Hausaufgaben zeigt als Spiegelungsphänomen, dass adäquate Lösungen immer auch individuell sind und vom »Problembesitzer« und seiner Einschätzung abhängen.

Lehrende hierzulande geben Schülern Hausaufgaben auf. Gleichzeitig haben sie selbst »Hausaufgaben« in Form von Unterrichtsvorbereitung und Korrekturen zu erledigen. Die meisten Lehrer haben auch ganz bestimmte Vorstellungen davon, wann und wie diese Hausaufgaben am besten zu erledigen seien. Sie selbst halten sich allerdings meist nicht an diese »Idealvorstellungen«, weil sie ihren persönlichen Gegebenheiten nicht Rechnung tragen: Sie sind nach einem langen Schultag zu müde, um sich zwei Stunden konzentriert an den Schreibtisch zu setzen, die Kinder müssen versorgt oder abgeholt werden, das gemeinsame Abendessen wird für sehr wichtig gehalten, die Lieblingssendung im Fernsehen hat man sich heute wirklich verdient, überfällige Anrufe bei den Eltern oder Freunden sind zu erledigen – und so finden sich Lehrer entgegen ihrer Vorstellungen, Vorlieben und Bedürfnisse spätabends oder frühmorgens am Schreibtisch. Sie erledigen die Vorbereitung weniger gründlich, als sie sich vorgenommen hatten, korrigieren die halbe Nacht oder das Wochenende durch. Mit anderen Worten: Sie finden für sich selbst keine zufriedenstellende Lösung, geschweige denn eine gesunde und wohltuende. Sie versuchen, sich zu disziplinieren, und sind höchst unzufrieden mit sich, wenn ihnen das nicht gelingt und sie wieder mal zu Notlösungen greifen müssen. Gleichzeitig versuchen sie ihren Schülern nahezubringen, was sie selbst nicht schaffen. Das »Problem« ist für alle dasselbe: Gestalte die Bedingungen, unter denen du deine Aufgaben erfüllst, so, dass es für dich möglichst zuverlässig, leicht und effizient möglich ist. Funktionierende Lösungen dafür sind aber so unterschiedlich wie die Beteiligten. Jeder kann seinen eigenen Spielraum gestalten. Was nicht heißt, dass man nicht voneinander lernen und profitieren kann. Aber welchen Weg ich letztendlich wähle und wie ich ihn gehe, hängt von den individuellen Faktoren ab. Es nutzt wenig, wenn ich noch so tolle Lösungen für andere habe – die Umsetzung funktioniert auf Dauer nur, wenn sie ihre eigenen finden.

Lösungsorientierung ist nicht nur für die »großen« Lebensprobleme eine erfolgversprechende und entlastende Herangehensweise, sondern genauso für den Umgang mit den naheliegenden Situationen des täglichen Lebens. Gerade diese Alltagsituationen sind ein ständig verfügbares Trainingslager für schwerwiegende und einschneidende Probleme.

- Wie korrigiere ich am schnellsten diese Klassenarbeit?
- Wie bereite ich am effizientesten den Unterricht für morgen vor?
- Wie kann ich den Konflikt mit dieser Kollegin lösen?
- Wie bekomme ich mehr Ruhe in meine 7b?
- Wie reagiere ich auf das provozierende Verhalten von Jonas?

Finden Sie für jede Situation mindestens drei Lösungsmöglichkeiten. Je mehr, desto besser. Sie müssen auch nicht alle

Antworten alleine finden, nutzen Sie den Einfallsreichtum anderer. Fragen Sie verschiedene Menschen direkt, welche Ideen ihnen dazu in den Sinn kommen. Je stärker sich die Befragten von Ihnen und voneinander unterscheiden, desto variantenreicher werden die Antworten sein, die Sie bekommen. Gerade ungewöhnliche oder auf den ersten Blick abwegige Alternativen sind gefragt. Sie können auch Ihre Fantasie spielen lassen und sich vorstellen, was wohl Albert Einstein, Pippi Langstrumpf oder einem Cowboy dazu einfallen würde. Wenn Sie sich das zur Gewohnheit machen, trainieren Sie nicht nur Ihr lösungsorientiertes Denken. Sie spüren auch sofort die Erleichterung, die eintritt, wenn Sie sich nicht mehr in einer Zwangslage sehen, sondern Wahlmöglichkeiten haben. Dieser effiziente Denksport kann richtig Spaß machen und zum spielerischen Zeitvertreib werden.

Kleine Ursache – große Wirkung: Für mehr Lösungsorientierung

- **Lösungsblockaden auflösen:** In jedem Widerstand steckt auch schon ein Keim zu einer Lösung, den Sie aufgehen lassen können.
- **Urteile und Kritik zurückhalten:** Frühzeitige Bewertung (und Abwertung) lässt jeden Ideenfluss schnell versiegen. Auch auf den ersten Blick abwegige oder nicht machbare Ideen enthalten mögliche Lösungsansätze oder führen zu weiteren Impulsen.
- **Maßgeschneiderte Lösungen anstreben:** Wir halten auf Dauer nur das durch, was sich mit unseren individuellen Gegebenheiten, unseren Vorlieben und Bedürfnissen vereinbaren lässt.
- **Pragmatisch entscheiden:** Nicht alle Lösungen sind für die Ewigkeit gedacht, es gibt auch vorläufige oder »kleine« Lösungen, die ihren Zweck erfüllen.

■ **Masse statt Klasse:** Grundsätzlich mehrere Möglichkeiten zu denken löst kurzfristig den Druck und erweitert langfristig die Perspektive.

Der Opferrolle entgehen und die Selbstverantwortung stärken

→ *Merken Sie, wenn Sie in die Opferrolle rutschen oder sich gar darin einzurichten drohen?*

→ *Übernehmen Sie bewusst die Verantwortung für Ihr eigenes Denken, Fühlen und Tun?*

→ *Ärgern Sie sich häufig und/oder lange über andere Menschen oder über Gegebenheiten, ohne Ihre eigenen Reaktionen zu ändern?*

→ *Neigen Sie dazu, sich selbst oder anderen Schuld zu geben, wenn die Dinge nicht nach Ihrer Vorstellung laufen?*

→ *Sind Ihnen Ihre wichtigsten Werte und Bedürfnisse bewusst? Wie verwirklichen Sie diese?*

Die Opferrolle ist in der Regel eng verknüpft mit Schuldzuweisungen. Wer das Gefühl hat, dass ihm Unrecht geschieht, dass alle gegen ihn sind, dass es keinen Ausweg aus einer verfahrenen Situation gibt, der muss einfach jemanden finden, der schuld an der ganzen Misere ist. Pauschal werden die anderen Beteiligten in einem Konflikt, die Schulleitung, die Eltern oder die Regierung, zu Schuldigen erklärt. Die Liste lässt sich beliebig erweitern. Auch wenn es kurzfristig entlastend sein kann, in Selbstmitleid zu baden, mittel- und langfristig bringen Schuldvorwürfe nicht weiter. Sie ändern nichts, sondern verfestigen in der Regel nur das Problem, indem sie es aus dem eigenen Einfluss- und Verantwortungsbereich rücken. Manche verharren auch in der Opferrolle, indem sie sich selbst Schuldvorwürfe machen. Sie entwerfen und bekräftigen ein negatives Selbstbild als

Versager, schwacher oder schlechter Mensch und schränken auf diese Weise ihre eigenen Handlungsmöglichkeiten ein. Auf Schuldzuweisungen zu verzichten ist für viele eine große Herausforderung. Wir haben eine Kultur entwickelt, in der üblicherweise nach einem Schuldigen gesucht wird und alle anderen sich selbstgefällig zurückzulehnen, wenn er gefunden ist. Doch damit ist kein Konflikt gelöst, keine Schwierigkeit beseitigt, keine Krise überwunden. Wir kommen viel weiter, wenn wir, statt Schuld hin- und herzuschieben, lieber klären, wo unsere Einflussmöglichkeit liegt und wie wir unseren Beitrag verantwortlich gestalten können. Wenn wir etwas in unserem Leben problematisch finden, sind wir selbst natürlich immer auch ein Teil dieses Problems. Sich herauszuhalten, nichts zu tun oder auf der eigenen Sicht beharren kann auch ein Beitrag zum Problem sein. Häufig sind wir aber mit unserer Aufmerksamkeit mehr bei den Reaktionen der anderen und haben gute Ideen, wie diese sich verhalten müssten, damit das Problem gelöst ist. Doch jeder ist für seine Gefühle und Gedanken, für das, was er sagt oder tut, selbst verantwortlich, und es steht niemand anderem zu, diese zu beurteilen. Wie Sie selbst reagieren, das ist Ihre Entscheidung, und Sie sind für die Konsequenzen verantwortlich. Um Gestalter statt Opfer zu sein, kommt es nicht darauf an, was die anderen tun, sondern was *Sie* tun oder lassen.

Egal, ob Sie das Gefühl haben, dass andere schuld sind an dem, was geschehen ist, oder ob Ihnen Schuld gegeben wird, hinter der Schuldfalle verbergen sich in aller Regel Themen, die nicht hinreichend bearbeitet sind: ungelöste Konflikte, unverarbeitete Enttäuschungen, ungeklärte Sachlagen. Ein Weg aus der Schuldfalle heraus besteht darin, die Situation wie ein neutraler Beobachter von außen zu betrachten, als würden Sie aus einem Hubschrauber auf die Szene schauen oder sie auf einer Theaterbühne ansehen.

Was steckt hinter der Schuldfalle?

Beobachten Sie nur, was die Beteiligten (auch Sie selbst) tun, ohne Interpretation und Bewertung. Noch besser wirkt diese Methode, wenn Sie es einem Dritten beschreiben oder aufschreiben (und dabei über sich selbst in der dritten Person sprechen).
Finden Sie Antworten auf die folgenden Fragen:

- Wenn das Thema »Schuld« keine Rolle mehr spielt, welche Themen verbergen sich hinter dem Vorgang und wären zu klären?
- Wer hat wofür die Verantwortung?
- Was könnten Sie selbst tun, um die Situation zu einem positiveren Verlauf zu bringen? Diesen Teil zu gestalten ist Ihre Aufgabe, nicht mehr und nicht weniger.

Je größer der Einfluss, desto größer die Verantwortung. Für alles, was nicht in Ihrer Macht steht, tragen Sie also auch keine Verantwortung. Um darüber Klarheit zu bekommen und sich nicht an »falschen« Spielräumen aufzureiben, empfiehlt sich eine klärende und erhellende Prüfung, wie die Verantwortung im jeweiligen Fall verteilt ist:

- Was liegt überhaupt in meinem Einflussbereich?
- Was ist hier mein Auftrag?
- Wo ist meine Kraft effizient eingesetzt?
- Wofür reicht sie aus? Wofür nicht?

Damit schützen Sie sich vor (Über-)Engagement, unerwünschter Einmischung oder vergeblichem Einsatz an der falschen, weil wirkungslosen Stelle.

Nicht nur Eigentum verpflichtet, auch Talente sollen nicht vergraben werden. Zur Selbstverantwortung gehört auch die Verantwortung für die eigene Entwicklung, also die Verpflichtung, die eigenen Begabungen und Fähigkeiten zu entdecken, ernst zu nehmen, einzubringen und weiterzuentwickeln. Wenn Sie sich Ihrer fachlichen Kompetenz als Experten für Bildung und Erziehung bewusst sind und auf dieser Grundlage Verantwortung übernehmen für Ihre Rolle und Ihre Aufgabe, gewinnen Sie persönliche Freiheit.

Nicht nur das Was (Was ist meine Aufgabe?), sondern auch das Wie (Wie will ich sie erfüllen?) gehört in den Bereich der Selbstverantwortung. Wer sonst sollte verantwortlich dafür sein, welche Wege und Methoden Sie wählen und welche Kriterien Sie anlegen? Lehrern wird die Zeitfalle leicht zum Verhängnis, weil die Zeit für ihre Arbeit außerhalb des Unterrichts weder vorgegeben ist noch erfasst wird. Das bietet Spielräume für das selbstbestimmte Einteilen der Arbeit, verlangt aber auch in hohem Maße selbstverantwortliche Entscheidungen für den Umgang mit der Arbeitszeit, da es in der Regel keine Rückmeldung und kein Korrektiv vom Arbeitgeber gibt. Es ist wenig effizient und nützt niemandem, Dinge mit mehr Aufwand und Anstrengung zu erledigen, als nötig ist. Für Lehrer mit perfektionistischem Anspruch und hohem Ehrgeiz ist das eine große Herausforderung, gleichzeitig aber auch eine Fundgrube für Entlastung und Erleichterung. Wie das weithin bekannte Pareto-Prinzip[23] zeigt, bringt nämlich ab einem gewissen Level mehr Anstrengung kein substanziell besseres Ergebnis mehr. Häufig verlangen Menschen mehr von sich, als die Vorgesetzten oder Kunden (in Ihrem Fall Schüler und/oder Eltern) erwarten. Werden Sie flexibel hinsichtlich Ihres Anspruchsniveaus und berücksichtigen Sie dabei auch den Rahmen Ihrer zeitlichen Möglichkeiten. Wenn Sie mit einer Aufgabe nicht einfach loslegen, sondern in Ihrer To-do-Liste vermerken, wie viel Zeit Sie sich dafür einräumen, definieren Sie damit auch die Bedeutung dieser Aufgabe.

Prüfen Sie, ob der Zeitaufwand in einem angemessenen Verhältnis zur Bedeutung und Wichtigkeit der Aufgabe steht. Vergleichen Sie, wie viel Aufwand Kollegen dafür ansetzen, um Ihre Effektivität realistischer einschätzen zu können. Zeit ist ein wertvolles Gut. Man hat die Tendenz beobachtet, dass der Zeitraum, den man sich vorab für die Erledigung einer Aufgabe zugesteht, maßgeblichen Einfluss darauf hat, wie viel Zeit dann tatsächlich benötigt wird. Sie können für die Vorbereitung einer Unterrichtseinheit eine halbe Stunde oder ein Wochenende verbrauchen. Was macht den Unterschied? Prüfen Sie, ob er den Aufwand rechtfertigt, und treffen Sie eine bewusste Entscheidung darüber, was Sie an Zeit und Energie an welcher Stelle investieren. Die eigenen Grenzen wahrzunehmen, zu achten und für sich zu sorgen ist weder nachlässig noch egoistisch oder rücksichtslos. Es ist die Voraussetzung für verantwortliches professionelles Handeln. Nicht erst in unserer Lebenswirklichkeit hat dieses Prinzip Gültigkeit, sondern schon zu biblischen Zeiten: Erst liebe Gott, dann die anderen wie dich selbst. Denn nur aus einem höheren Sinn und der eigenen Mitte heraus sind wir in der Lage authentisch und segensreich zu agieren – auch für andere.

Ob wir uns als Opfer oder als verantwortliche Gestalter betrachten, verrät schon unsere Sprache. Da Menschen in der Opferrolle nicht glauben, dass sie selbst etwas bewirken können, zeigt sich auch in ihren Worten, dass sie ihren eigenen Einfluss und Beitrag aufgeben. Signale für die Opferhaltung sind Gedanken und Aussagen wie die folgenden.

- Mir hilft auch keiner.
- Mein Partner hat ja keine Ahnung, was in der Schule los ist.
- Meine Kollegen können das besser.
- Die Schulbehörde interessiert sich doch nicht für uns.
- Die Eltern haben überhaupt kein Verständnis für unsere Situation.

Dabei fällt die eigene Initiative und Verantwortung unter den Tisch. Zu mehr Eigeninitiative und Selbstverantwortung führen Denkrichtungen und Fragestellungen wie:

- Was tue ich dafür, dass man mir hilft?
- Wie und wo könnte ich ohne große Anstrengung helfen?
- Wofür sollte mein Partner das wissen? Was tue ich dafür, dass er es weiß und die Zusammenhänge versteht?
- Habe ich eine Ahnung davon, was bei meinem Partner los ist?
- Was genau kann welcher Kollege besser?
- Wofür könnte das auch gut sein?
- Was würde das Interesse verändern? Wie können wir das initiieren? Was tue ich dafür?
- Wofür ist es wichtig, dass die Eltern unsere Situation verstehen? Wie können wir es ihnen vermitteln?
- Zeigen wir Verständnis für deren Situation?

Auch »Ich muss«-Sätze sind Opfersätze. Für viele sind »Ich muss«-Sätze so zur Gewohnheit des Selbstausdrucks geworden, dass sie sogar erfreuliche Anlässe und angenehme Vorhaben zur unfreiwilligen Pflicht oder zum Zwang machen: »Ich muss heute Abend noch zum Yoga«, »Wir müssen am Wochenende zu einer Hochzeit« oder »Ich muss noch schnell etwas essen«. Sätze wie diese haben sich so in unseren Alltag eingeschlichen, dass wir gar nicht mehr registrieren, was sie signalisieren und bewirken. Sie müssen gar nichts. Selbst wenn Sie jemand mit vorgehaltener Waffe zwingen würde, das Geld herauszurücken, hätten Sie die Wahl, das zu tun oder nicht. Wenn wir glauben, keine Wahl zu haben, liegt das daran, dass wir die Folgen der Alternativen nicht tragen wollen. Und das heißt, dass wir uns unbewusst längst entschieden haben. Diese Entscheidung durch entsprechende Sprache auch bewusst zu machen ist ein Schritt aus der Opferrolle. »Ich entscheide mich dafür, in dieser Woche jeden Abend zu korrigieren« (denn ich will

nicht in den Ferien damit belastet sein). Oder: »Ich entscheide mich dafür, diese Klassenarbeit in den Ferien zu
korrigieren« (denn dann habe ich mehr Ruhe und bin diese
Woche nicht unter Druck). Damit nehmen Sie das Heft
(wieder) in die Hand und werden zum selbstverantwortlichen Gestalter statt zum ergebenen Opfer. Achten Sie darauf, was sich in Ihrer Körpersprache verändert, sobald Sie
vom »Ich muss …« ins »Ich entscheide mich …« wechseln.
Wenn sich bei der Umformulierung innerer Widerstand
regt, ist das ein deutliches Signal dafür, dass eine klare eindeutige Entscheidung Ihrerseits fällig ist. Wenn diese gegen
eine naheliegende Option ausfällt, *wofür* steht sie dann?
Eine ähnliche Klärung verlangen Sätze wie: »Ich kann nicht
Nein sagen.« Wozu genau wollen Sie denn Nein sagen, und
wozu sagen Sie damit gleichzeitig Ja? Indem Sie eine ehrliche Antwort auf diese beiden Fragen suchen, sortieren Sie
Ihre Werte. Mit dem Nein zu dem Ansinnen der Schülerin,
ihr doch die bessere Note zu geben, sagen Sie vielleicht Ja zu
einem in Ihren Augen und innerhalb dieser Klasse
gerechten Bewertungssystem. Indem Sie die Einladung zum
Elternstammtisch ablehnen, sagen Sie vielleicht Ja zu einem
gemütlichen Abend mit Ihrem Partner. Wenn Sie die Bitte
der Referendarin ablehnen, nach Schulschluss ihren Stun-
denentwurf mit ihr durchzusprechen, sagen Sie vielleicht
Ja zu der Verabredung mit Ihrem Sohn zum Schwimmen.
Die Voraussetzung dafür ist eine ehrliche Selbstwahrnehmung und die reife Haltung, mit den Folgen Ihrer Entscheidungen zu leben: Manche Erwartungen werden nicht erfüllt, bestimmten Ansprüchen (auch den eigenen!) wird
man nicht gerecht, Enttäuschungen müssen ausgehalten
werden.

Den eigenen Spielraum wahrnehmen und selbstbestimmt
gestalten steht in enger Wechselwirkung mit dem Bewusstsein persönlicher Verantwortung. Dieses ist verbunden mit
der Überzeugung und Erfahrung von Autonomie und
Selbstwirksamkeit. Autonom zu sein bedeutet, sich als un-

abhängig handelnden Menschen zu sehen, der aus innerer Überzeugung handelt und die Konsequenzen seines Tuns annimmt. Selbstwirksamkeit ist die Überzeugung, dass ich durch dieses Handeln Einfluss nehme auf mein Schicksal. Menschen, die sich im Großen und Ganzen als autonom und selbstwirksam betrachten und erleben, erwarten nicht, dass Autoritäten Probleme für sie lösen und ihnen sagen, was zu tun ist. Sie setzen ihre eigenen Grenzen und sind nicht so leicht zu manipulieren. Ihre Autonomie fördern Sie, wenn Sie Ihren Entscheidungsspielraum nutzen, sich zugestehen, Fehler zu machen, und bereit sind, zu den Konsequenzen zu stehen. Für sich selbst Verantwortung übernehmen bedeutet auch, immer wieder das eigene Wertesystem und die eigene Authentizität zu überprüfen. Welche Werte verfolgen und verwirklichen Sie? Wie tun Sie das? Ist die Art und Weise (noch) passend und angemessen oder ist es an der Zeit, neue Wege zu gehen? Was macht mich aus? Die Werte, die Sie vertreten, sagen etwas aus über Ihr Selbstverständnis und Ihre Identität. Neben der persönlichen gilt es, sich auch der beruflichen Identität bewusst zu werden und ein professionelles Verständnis der eigenen Rolle und des eigenen Auftrags zu gewinnen. Vielen Lehrern fällt es schwer, die Funktion von der Person zu trennen. Sie nehmen sich vieles, was in die berufliche Sphäre fällt, persönlich zu Herzen, leiden daran und lassen sich davon niederdrücken. Hören Sie auf, sich auf der persönlichen Schiene zu rechtfertigen. Stärken Sie Ihr Selbstvertrauen, indem Sie eine professionelle Haltung und Identität entwickeln. Lehrpersonen haben die gesellschaftliche Aufgabe von Bildung und Erziehung wahrzunehmen. Wenn Sie diese Aufgabe konsequent vertreten und sich Ihre Kompetenzen bewusst machen, bahnen Sie einen Weg zu einem professionellen Selbstverständnis. Das bedeutet nicht, sich völlig unangreifbar abzuschotten und unnahbar zu geben, es bedeutet, nicht zuzulassen, dass die eigene private Person angegriffen oder bewertet wird. Gegenstand von Diskussionen oder Kritik ist allein das berufliche Handeln. Hierfür ist ein Korrektiv nicht nur zulässig, sondern erforderlich. Zu einer hochprofessionellen Haltung gehört es, das eigene berufliche Handeln immer wieder zu hinterfragen, fachlich zu reflektieren und zu optimieren. Es ist nicht Ihre Aufgabe als Person, von allen Schülern geliebt, von allen Eltern geschätzt und von allen Vorgesetzten und Kollegen bestätigt zu werden. Wenn Sie ein klares Verständnis Ihrer beruflichen Identität und Aufgabe haben und vertreten, werden Sie unabhängig von ständiger Zustimmung anderer.

Kleine Ursache – große Wirkung: Für mehr Selbstverantwortung

- **Gestaltersprache statt Opfersätze:** Werden Sie hellhörig, wenn Sie »Ich muss …« denken oder sagen. Fragen Sie sich stattdessen: »Wofür entscheide ich mich, wozu dient das und was bringt es mir?«
- **Weg von der Schuldfrage:** Wenn Sie merken, dass Sie sich oder jemand anderem die Schuld geben an einem Problem, unterbrechen Sie diese Gedanken. Schauen Sie nüchtern von außen auf die Gesamtsituation: Wer tut hier was?
- **Hin zur Selbstverantwortung:** Übernehmen Sie Verantwortung für Ihren Teil und Ihren Beitrag (auch nicht handeln ist ein Beitrag!) und helfen Sie die Verantwortlichkeiten zu klären und lösungsorientiert wahrzunehmen.
- **Kosten-Nutzen-Check:** Prüfen Sie, ob Aufwand und Effekt in einem angemessenen Verhältnis stehen. Alles mit gleich hohem Anspruch erledigen zu wollen ist nicht effektiv. Differenzieren Sie, wo hoher Einsatz lohnenswert ist und wo Sie getrost auf Perfektionismus verzichten können.

- **Professionelle Haltung statt persönlicher Rechtfertigung:** Reflektieren, diskutieren, erklären und korrigieren Sie gegebenenfalls Ihr berufliches Handeln. Lassen Sie hingegen nicht zu, dass Ihre Person bewertet oder zum Diskussionsgegenstand wird.
- **Selbstverantwortung bedeutet auch Selbstfürsorge:** Warten Sie nicht darauf, bis andere merken, dass Sie überlastet sind. Ziehen Sie selbst die Notbremse und halten Sie aus, dass nicht jeder dafür Verständnis zeigt.

In Balance kommen durch Selbstregulierung

→ *Wie motiviert sind Sie für Ihre Aufgaben?*
→ *Sind Sie in der Lage, Ihre mentale und emotionale Verfassung nach Bedarf zu verändern? Können Sie sich nicht nur disziplinieren, sondern auch belohnen und beruhigen?*
→ *Fühlen Sie sich unter Dauerstress?*
→ *Kennen Sie Ihre dominierenden Bedürfnisse und Ihre wunden Punkte? Nehmen Sie Ihre körperlichen, mentalen und seelischen Signale wahr und ernst?*
→ *Sind Sie mit Ihren inneren und äußeren Reaktionen zufrieden?*

Um auch unter steigenden Anforderungen und hohem Stress körperlich und seelisch stabil zu bleiben, sind wir darauf angewiesen, uns selbst so zu steuern, dass wir wechseln zwischen Anspannung und Entspannung, zwischen Tun und Lassen, zwischen Selbstmotivierung und Selbstberuhigung. Sich immer wieder in Balance zu bringen bedeutet für den einen, sich eher zu disziplinieren und aktiv zu werden, für den anderen hingegen, seine Energie zurückzunehmen und zur Ruhe zu kommen. Diese Balance hat einen positiven Einfluss auf die individuelle Gesundheit und das Wohlbefinden, wenn sie auf die jeweiligen Grundbedürfnisse abgestimmt ist und dem Selbst Atem und Raum zur Entfaltung verschafft. Doch wenn sich der Körper über einen längeren Zeitraum an eine hohe Dosis von Stresshormonen gewöhnt hat, dann erlebt er das Ausbleiben dieses Kicks zuerst einmal als Entzug und nicht als Entlastung. Deshalb haben Menschen, die unter hohem Dauerstress stehen, im Urlaub oder am Wochenende häufig Schwierigkeiten, in einen anderen Modus umzuschalten. Wer sich lange sehr einseitig beansprucht hat, benötigt im Übergangsstadium also Geduld statt Aktionismus. Den Wandel zum Positiven lösen oft nicht spektakuläre einschneidende Neuerungen aus, sondern kleine Veränderungen im Alltag. Wer unter Schlafmangel leidet, braucht erst einmal nur Ruhe. Wer nur schwer in Gang kommt, nimmt sich überschaubare Schritte vor. Wer sich zu viele Sorgen macht und zum Grübeln neigt, schiebt erst einmal kurze Auszeiten ein, in denen er abschaltet. Auf der körperlichen Ebene trainieren Überkreuz-Bewegungen, wie sie aus der Kinesiologie[24] bekannt sind, die Fähigkeit, flexibel zwischen den kognitiven Funktionen und den entsprechenden emotionalen Verfassungen zu wechseln. Zu diesen Bewegungsformen gehören Stricken, Klavier spielen, Nordic Walking, Tanzen sowie alle alltäglichen Handgriffe vom Zähneputzen bis zum Kaffee-Eingießen, wenn Sie diese mit Ihrer ungewohnten Körperseite verrichten.

Pausen sind wichtige Zwischenräume, die es Ihnen ermöglichen, zu sich zu kommen. Möglichkeiten dafür ziehen sich durch den gesamten Alltag und bieten sich nicht erst nach Feierabend. In der Natur stellt sich die Balance durch Rhythmisierung ein: Ebbe und Flut, Jahreszeiten, Licht und Dunkelheit. Im Alltag können uns sinnvolle Rituale helfen, Rhythmus und damit Balance in unser Leben zu bringen: bestimmte Zeiten und Abläufe für Aufstehen und Schlafengehen, für gemeinsame Mahlzeiten, für besondere Ereignisse, Erfolge und Feste. Ohne Pause entsteht kein Rhythmus. Achten Sie auf regelmäßige Pausen, sie sind besonders wichtig, wenn man glaubt, keine Zeit dafür zu haben. Gestalten Sie Ihre Pausen als Gegenstück zu den Aktivitäten davor und danach. »Wenn du etwas machen musst, dann mach es richtig und mit ganzem Herzen. Und dann tue etwas ganz Gegensätzliches, damit dein Leben wieder ins Gleichgewicht kommt. Wenn du viel gelesen hast, lauf über eine Wiese. Wenn du viel mit anderen zusammen warst, bleib eine Weile allein. Wenn du viel gearbeitet hast, geh tanzen und feiern. So findest du Gelassenheit.«[25] Dieser kluge Rat eines alten Franziskanerpaters gilt für alle Pausen, von der minutenkurzen Unterbrechung bis zu den sechswöchigen Sommerferien.

In unserer 24-Stunden-Welt scheint es kaum Gelegenheiten für Ruhe und Innehalten zu geben. Und doch ist der Satz »Ich habe keine Zeit etwas zu machen, was mir Freude und Erholung bringt!« eine nicht lösungsorientierte Ausrede und spricht für wenig Selbstverantwortung. Es gibt Menschen, die sehr viel oder sogar zu viel Zeit zur Verfügung haben und sich trotzdem nicht im Lot fühlen. Ausgeglichenheit ist nämlich meist weniger eine Zeitfrage als vielmehr eine Frage von Energieblockaden und Energiefluss. Wenn wir uns auf unsere wesentlichen Lebensziele konzentrieren und unnötigen Ballast abwerfen, gewinnen wir viel Zeit und Energie. Prüfen und entscheiden Sie – in Übereinstimmung mit Ihren Zielen und Bedürfnissen –, mit was und mit wem Sie Ihre kostbare Zeit verbringen, und verabschieden Sie sich gegebenenfalls endgültig von dem einen oder anderen. Lassen Sie alles bleiben, was Sie weder Ihren Zielen näherbringt noch Ihnen Freude bereitet.

Durch gezielte Selbstregulierung in Balance kommen bedeutet nicht, nur in der unmittelbaren Situation Ausgleich zu schaffen. Im Gesamten gesehen kommen Sie auch in Balance, indem Sie sich außerhalb der Schule etwas schaffen,

das sie inspiriert und von den schulischen Themen und Anforderungen abschalten lässt. Bewegung, Sport, Müßiggang,
Philosophie, Handwerkliches, Künstlerisches – jedem stehen unendlich viele Möglichkeiten offen. Wann haben Sie
sich das letzte Mal aus eigenem Antrieb mit etwas Neuem
befasst, das nicht in erster Linie mit Ihrem Beruf zu tun
hatte? Eine ganze Reihe Lehrer bilden sich selbst nicht mehr
weiter, lernen keine neuen Fähigkeiten oder Inhalte kennen
und lassen ihre geistigen, kulturellen und sozialen Interessen brachliegen. Doch nicht einmal ein überstrapazierter
Automotor funktioniert wieder, wenn er einfach nur auf
dem Parkplatz abgestellt wird. Wie viel mehr brauchen wir
Menschen Anregung, Inspiration und aufmerksame Pflege,
um nach größerer Beanspruchung wieder heil zu werden.
In selbst gewählten Herausforderungen findet jeder eine
Energie-Tankstelle, vorausgesetzt, sie sind reizvoll genug,
um sein Interesse zu wecken und wachzuhalten. Wichtig ist
auch, dass sie nichts mit der Arbeit zu tun haben. Niemand
würde in einen Dieselmotor Super kippen und erwarten,
dass der dann wieder wunderbar läuft. Finden Sie für sich
heraus, welcher Stoff Ihrem Motor guttut. Bieten Sie sich
etwas! Indem Menschen intensiv einem Interesse nachgehen, werden sie auch selber interessant. Das ist der Zusatz-
gewinn.

Nahezu alle Menschen kennen alltägliche Ängste, zum
Beispiel die Angst, nicht gemocht oder zurückgewiesen zu
werden, dumm dazustehen, verletzt zu werden. Und den
meisten sind diese Gefühle nicht willkommen. Statt sie einfach abstellen zu wollen, machen sich Menschen mit hoher
Selbstregulierungskompetenz bewusst, dass diese Ängste,
auch wenn sie uns das Leben erschweren, in der Regel kommen und gehen. Mut zu zeigen heißt nicht, dass man wider
besseres Wissen etwas Gefährliches tut oder damit angibt,
dass man allem gewachsen ist. Mut entwickeln heißt, etwas
zu wagen und sich trotz Herzklopfen und mulmigen Gefühlen neuen Erfahrungen zu stellen, weil es einem wichtig ist,

weil man weiterkommen möchte. Dazu gehört es auch, in einem gewissen Ausmaß Angst, Leid und Härten aushalten zu können, ohne gleich aufzugeben oder davon überwältigt zu sein. Menschen mit guter Selbstregulierung setzen verschiedene Bewältigungsstrategien ein, um ihre unterschiedlichen Gefühle ins Lot zu bringen. Wenn sie mit einer Aufgabe vorankommen wollen, dämpfen sie Unbekümmertheit und Ausgelassenheit, lenken sie als Vorfreude auf das Ergebnis und schieben die Belohnung bis dahin auf. Um Ärger zu reduzieren, setzen sie Mittel ein wie Zählen, Unterbrechen, Atmen, Ablenken. Das gelingt ihnen, weil sie bei sich die Anzeichen für Ärger erkennen, bevor der Kessel überkocht. Sind sie deprimiert, sprechen sie sich bei einfühlsamen Menschen aus, denen sie sich anvertrauen können, oder ziehen sich an einen sicheren Ort zurück, um sich zu schonen. Oder sie verleihen ihren Gefühlen Ausdruck, indem sie malen, musizieren, schreiben, tanzen. Akzeptieren Sie Ihre Gefühle als zum normalen menschlichen Empfindungsspektrum gehörend. Wenn Sie sich bewusst machen, dass widersprüchliche Gefühle gleichzeitig da sein können, schneiden Sie sich nicht ab von erfreulichen und aufmunternden Aktivitäten, während Sie traurig oder enttäuscht sind. Sie können sich diese Gefühle zugestehen und gleichzeitig etwas tun, was Sie stabilisiert. Das führt meistens ziemlich schnell in eine andere Verfassung, in der Sie leichter Lösungen finden oder die Zeit bis dahin angenehmer gestalten können. So vermeiden oder stoppen Sie die Negativspirale, die Sie immer weiter nach unten zieht, ohne dass es einer Verarbeitung dient.

Menschen motivieren sich nicht nur durch Lustgewinn, sondern auch durch Schmerzvermeidung. So können wir durchaus Dinge tun, weil wir es für vernünftig oder notwendig halten. Wenn das aber der ausschließliche Antrieb ist, geht uns früher oder später die Puste aus. Mit übertriebenem Perfektionismus und hochgesteckten Ambitionen machen sich nicht wenige Lehrer selbst die Arbeit und das

Leben schwer. Arbeit kostet nicht nur Energie, sie kann auch Energie spenden. Was tun Sie aus Zielstrebigkeit? Was aus Freude? Finden Sie möglichst häufig Tätigkeiten, die beides vereinen. Soweit Sie es beeinflussen und gestalten können, schaffen Sie sich eine Umgebung, in der Sie effektiv und frohgemut arbeiten können. Versuchen Sie, wenigstens einen Teil Ihrer Aufgaben im Flow-Zustand[26] anzugehen. Flow ist das völlige Aufgehen in einer Aufgabe oder Tätigkeit, ohne dass man Anstrengung verspürt oder das Vergehen der Zeit registriert. Dabei befindet man sich in einem optimalen Verhältnis von Anforderungen und Fähigkeiten, man ist weder über- noch unterfordert. Wie können Sie in diesen Arbeitszustand kommen? Sie müssen der Tätigkeit gewachsen sein und sich vollständig auf Ihr Tun konzentrieren können. Die Tätigkeit bietet Ihnen messbare Ziele und unmittelbare Rückmeldungen, und Sie haben das Gefühl der Kontrolle darüber. Im Flow gleiten Sie sozusagen durch Ihre Aufgabe. Bei jeder komplexen Aufgabe oder Anforderung gibt es auch Teile, die wir nicht so gerne tun. Schaffen Sie sich dafür Energie, indem Sie sich die möglichen Flow-Anteile bewusst machen und sie genießen. Wenn Sie nicht gerne korrigieren, gleichen Sie das aus durch die Vorbereitung des Projekts, das Ihnen am Herzen liegt. Und bevor Sie widerwillig und verkrampft ans Korrigieren gehen, fragen Sie sich:

- Wie kann ich mir diese Arbeit erleichtern?
- Wie kann ich mir diese Arbeit verschönen?
- Wie kann ich dieser Arbeit mehr Sinn geben?

Wenn Sie sich darum kümmern, verlieren auch ungeliebte Aufgaben einen Teil ihres Schreckens und Sie verlieren weniger Energie. Es sollen auf diese Weise sogar schon neue Favoriten entstanden sein.

Kleine Ursache – große Wirkung:
Für mehr Selbstregulierung

- **Geduld statt Aktionismus:** Kleine beharrliche Schritte, aus denen sich heilsame Gewohnheiten entwickeln, führen auf Dauer eher zu einer gesunden Balance, als schlagartige, einschneidende Änderungen.
- **Ohne Pause kein Rhythmus:** Regelmäßige Pausen sind kein optionaler Luxus, sondern Notwendigkeiten, um dem Tag, der Woche und dem Jahr Struktur zu geben und wieder aufzutanken, bevor der Tank leer ist.
- **Lernen statt Lehren:** Gehen Sie außerhalb der Schule Interessen nach, die Sie inspirieren, suchen Sie Herausforderungen, die Sie reizen, und stellen Sie sich der Erfahrung, immer wieder etwas Neues zu lernen.
- **Gefühle ins Lot bringen:** Entwickeln Sie feine Antennen für Ihre Gefühle und finden Sie kreative Wege, sie zum Ausdruck zu bringen. Erweitern Sie Ihr Repertoire, wie Sie selbst Ihre Verfassung je nach Erfordernis situativ anpassen und sich stabilisieren können.
- **Dauertankstelle für Energie:** Wenn Sie im Großen und Ganzen lieben, was Sie tun, und tun, was Sie lieben, haben Sie immer genug Energie, die unliebsamen Kleinigkeiten zu verkraften.

Beziehungskompetenzen ausbauen

→ *Wie erleben Sie die Beziehungen in Ihrem Arbeitsumfeld? Welche stützen und entlasten Sie, welche sind eher belastend oder konfliktreich?*

→ *Welcher Art ist Ihr Beitrag zur Beziehungsgestaltung zu Ihren Schülern, wie nehmen Sie Einfluss auf die Beziehung zu Kollegen und zur Schulleitung?*

→ *Wie gehen Sie mit Fehlern um? Sind Sie in der Lage, Kritik anderer zu verarbeiten, ohne sich schlecht zu fühlen?*

→ *Über welche Beziehungsnetze verfügen Sie außerhalb der Schule? Welchen Gewinn haben Sie davon?*

Sich in Verbundenheit mit anderen zu erfahren ist ein Einfluss, der von außen stärkend auf unsere inneren Kräfte wirkt. Der Resilienzfaktor »Beziehungen gestalten« bedeutet mehr, als über Netzwerke zu verfügen. Er bezieht sich auf die Art und Weise, wie Menschen mit diesen Netzwerken umgehen. Wir sind darauf angewiesen, Resonanz von anderen zu bekommen, Ermutigung und Unterstützung zu erfahren. Wir sind aber keineswegs machtlos dem ausgeliefert, was uns von anderen entgegenkommt. Wir können selbst einiges dazu beitragen, damit wir über diesen Resilienzaspekt Stärkung erfahren. Beispielsweise haben Singles rein statistisch schlechtere Voraussetzungen für Zufriedenheit und Lebensglück. Doch was die Einzelnen aus ihrer Situation machen, steht auf einem ganz anderen Blatt. Manche nutzen die Zeit ohne feste Partnerschaft, um bestimmten Interessen ihre ungeteilte Aufmerksamkeit zu widmen, manche pflegen intensive Freundschaften oder tiefgehende Beziehungen zu anderen Familienmitgliedern. Auf der anderen Seite ist eine Ehe oder Lebenspartnerschaft noch lange keine Garantie für erfüllte und heilsame Beziehungen. Paare können sich durchaus auch gegenseitig einengen, ihre Einzelinteressen blockieren und ihrer individuellen Entwicklung im Wege stehen. Welche Art von Beziehungen Sie auch pflegen, ob Sie Kraft daraus ziehen und sich stärken können, hängt entscheidend von Ihrer emotionalen und sozialen Kompetenz ab, also davon, was Sie daraus machen, wie Sie voneinander und miteinander lernen und wie Sie sich je nach Bedürfnis und Erfordernis annähern und abgrenzen.

Enttäuschungen erleben wir immer da, wo wir uns täuschen, wo wir selbst etwas erwarten, das nicht eintritt, oder zumindest nicht so, wie wir es uns vorgestellt haben. Je mehr wir über unsere Grenzen gehen – nicht, weil wir es in diesem Fall für richtig halten, sondern nur um andere zufriedenzustellen –, desto schmerzlicher erleben wir das Ausbleiben der Gegenleistung. Wir werden nicht entschädigt für unsere Mühe und unseren Aufwand. Als Folge derartiger Enttäuschungen sind wir frustriert, verärgert, gekränkt. Wir haben den Eindruck, dass die anderen daran schuld sind, weil sie uns die Belohnung schuldig geblieben sind. Diese Schnittstelle zum Resilienzfaktor »Selbstverantwortung« ist eine Verstrickungsspirale, die sich häufig unbewusst hochdreht: Je mehr Sie sich fremdbestimmen lassen, desto mehr verlangen Sie nach einer Entschädigung. Je mehr Sie selbstbestimmt entscheiden, was unter gegebenen Umständen erforderlich, angemessen und möglich ist, und je selbstverständlicher es für Sie ist, nicht alle Erwartungen bis aufs i-Tüpfelchen zu erfüllen, umso weniger sind Sie auf Bestätigung und Anerkennung von anderen angewiesen, sei es von Vorgesetzten, Kollegen, Eltern oder Schülern. Natürlich baut es auf und tut gut, wenn Sie von anderen Zustimmung und Wertschätzung erfahren. Diese können Sie als eine wohltuende Zugabe annehmen, über die Sie sich von Herzen freuen. Sie sind aber keine Schuldigkeit und Verpflichtung Ihres Gegenübers, ohne die Ihr Tun vergeblich scheint. Entscheiden Sie für sich, was Sie für angemessen halten, wie viel Kraft Sie investieren wollen und können und stehen Sie dazu. Im Gegenzug akzeptieren Sie ohne Groll, dass auch andere das Recht haben, ihre eigenen Grenzen zu setzen und nicht jede ausgesprochene Bitte oder jeden unausgesprochenen Wunsch erfüllen müssen. So gestalten Sie gleichwürdige Beziehungen,[27] die alle Beteiligten stützen und stärken. Im beruflichen Bereich gehört dazu auch, das individuell rechte Maß für Kontakt und Abgrenzung zu Kollegen wahrzunehmen und ernst zu nehmen. Wie tanken Sie am besten auf, im Lehrerzimmer unter Kollegen oder allein in einer stillen Ecke? Es liegt nicht an den anderen, wenn Sie sich nicht zugestehen und verschaffen, was Ihnen guttut. Extrovertierte Menschen leben auf, wenn sie in der Pause mit anderen ein Schwätzchen halten können. Introvertierte, besonders wenn sie gestresst sind, erleben solche »unnötigen« zusätzlichen Kontakte als Zumutung, die ihnen die letzte Energie entzieht.

An den meisten Schulformen wird eine enge Kooperation der Lehrpersonen nicht gefordert. Deshalb braucht es dafür Eigeninitiative und die entsprechende Resonanz. Setzen Sie Ihre sozialen und kommunikativen Fähigkeiten ein, um ein gedeihliches Miteinander zu gestalten. Wenn es gelingt, ist es eine beständige Quelle von Arbeitsfreude, Stärkung und Entlastung. Berücksichtigen Sie dabei Ihre individuellen Voraussetzungen und Neigungen.

Legen Sie Wert darauf, mit Kollegen, mit denen Sie enger zusammenarbeiten, auch private Kontakte zu pflegen, oder sind Sie eher dafür, berufliche und private Kontakte deutlich zu trennen? Die Qualität Ihres Beitrags zu einer fruchtbaren Zusammenarbeit zeigt sich nicht darin, wie gut Sie sich privat kennen. Sie zeigt sich darin, wie weit Sie bereit und in der Lage sind, individuelle Unterschiede zu klären, zu akzeptieren und zu würdigen. Wenn Sie Impulse von jüngeren oder älteren Kollegen in Kopf und Herz bewegen, statt von vornherein auf Ihrer Meinung zu beharren, wenn Sie Interesse zeigen an dem, was die Kollegen denken und tun, statt darüber zu urteilen, wenn Sie mehrheitliche Beschlüsse, die Sie inhaltlich nicht teilen, mittragen, statt sie zu unterlaufen oder zu behindern, dann tragen Sie schon einiges dazu bei, ein produktives Arbeitsumfeld zu schaffen.

Auch wenn sie von hoher Qualität sind, sind professionelle Beziehungen kein Ersatz für private Bindungen. Gerade weil Beziehungsarbeit ein Teil der beruflichen Aufgabe ist und eine Voraussetzung dafür, dass die Arbeit gelingt, brauchen Lehrkräfte für ihre persönliche Entwicklung und ihren menschlichen Ausgleich private Beziehungen, in denen sie nicht die (All-)Wissenden und die allein Zuständigen sind. Suchen und pflegen Sie solche Beziehungen auf Augenhöhe, die Sie inspirieren, Ihnen aber auch Paroli bieten. Lassen Sie sich auch mal auf andere ein und verlassen Sie sich auf deren Vorgehensweisen, statt selber zu bestimmen, zu organisieren oder gar zu belehren.

Resiliente Beziehungsgestaltung und Empathie greifen eng ineinander. In dem Maße, in dem wir uns in andere hineinversetzen, stärken wir auch deren Resilienz und erweitern unsere eigene Beziehungsfähigkeit. Die empathische Gegenwart anderer lässt uns unsere eigene innere Stärke erfahren. Dabei heißt Empathie nicht, alles gutzuheißen oder allem zuzustimmen, sondern die Sichtweise des anderen zu verstehen und für gültig zu erklären. Zum einen wird Empathie dadurch zum Ausdruck gebracht, dass man nachfragt, um die Situation des anderen zu verstehen, nicht um Fakten zu überprüfen oder die Richtigkeit zu hinterfragen. Zum anderen zeigt sie sich darin, dass keine Ratschläge gegeben werden, sondern das Gegenüber bei seiner individuellen Lösungssuche unterstützt wird. Für viele Lehrpersonen kann das durchaus eine Gegenbewegung zur gewohnten Methode sein. Mit dieser Art der Kommunikation bringen Sie Selbst-Bewusstsein im wahrsten Sinne des Wortes zum Ausdruck. Beziehungen heilsam gestalten heißt nicht, wahllos und um jeden Preis Beziehungen zu pflegen. Resiliente Menschen wissen zu unterscheiden, welche Menschen ihnen guttun und welche sie entmutigen. Und sie nehmen sich die Freiheit, Letzteren aus dem Weg zu gehen oder sich von ihnen zu trennen.

Unterstützer und Entmutiger erkennen

Wenn Sie sich bewusst machen wollen, wer in Ihrem Umfeld Sie unterstützt und wer Sie eher entmutigt, denken Sie doch einmal an eine umfangreiche Aufgabe oder ein wichtiges Vorhaben, das Sie verwirklicht haben, und überlegen Sie:

- Welche Personen haben Sie dabei ermutigt, gefördert, unterstützt oder gestützt?
- Wie genau haben sie das getan?
- Was haben Sie selbst dazu beigetragen, dass es so gekommen ist?
- Was hätten Sie noch gebrauchen können?
- Wer hätte Ihnen das geben können?
- Was hätten Sie selbst dafür tun können, dass Sie es bekommen?
- Welche Personen haben Sie dabei entmutigt, gebremst oder behindert?
- Wie genau haben sie das getan?
- Was haben Sie selbst dazu beigetragen, dass es so gekommen ist?

Diese Reflexion berücksichtigt auch Ihren eigenen Beitrag an der Wirkung Ihres Beziehungsnetzwerks. Vielleicht war oder ist jemand nur hinsichtlich bestimmter Vorhaben oder Phasen Ihres Lebens nicht heilsam für Sie. Vielleicht haben Sie es lange zugelassen oder sogar gefördert, dass eine Person sich so und nicht anders verhalten hat. Vielleicht haben Sie einem Menschen kaum eine Chance gegeben, Sie zu verstehen oder zu unterstützen. Bei dieser Klärung geht es also nicht darum, bestimmte Personen als destruktiv »abzustempeln«. Ganz im Gegenteil, sie kann durchaus einhergehen mit einer grundsätzlich versöhnlichen Haltung. Wer andern vergibt, tut sich im Übrigen auch selbst einen Gefallen. Wer nicht verzeihen kann, wird eher krank. Denn negative Gefühle wie Rache und Wut helfen wenig und machen auf Dauer krank. Das weiß man aus Erfahrung. Ein Hauptsymptom bei Herzpatienten ist latente Wut und Unversöhnlichkeit in sozialen Beziehungen.[28] Verzeihen bedeutet, sich von negativen Gefühlen zu trennen. Wenn Sie wütend sind, ungeduldig oder übertrieben misstrauisch, finden Sie heraus, welche Gedanken diese Gefühle auslösen. Spielen Sie andere Interpretationen und Zuschreibungen durch und entscheiden Sie sich für die Alternative, die Ihnen Raum für Versöhnlichkeit lässt. »Denn wir können uns entscheiden, welche Gedanken wir denken wollen«, sagt Gerald Jampolsky.[29] Selbst wenn Menschen uns getäuscht, gering geschätzt oder attackiert haben, in aller Regel haben wir auch etwas von ihnen bekommen oder zumindest eine Erfahrung gemacht. Statt dankbar zu sein nehmen wir vieles Positive einfach für selbstverständlich, während wir sehr genau hinschauen, wo wir das Gefühl haben, zu kurz zu kommen oder ungerecht behandelt zu werden. (Vgl. Naikan, S. 132) Es gibt für jeden genug Gründe, dankbar zu sein, und genug Menschen, die Dank verdient hätten. Das können Sie natürlich durch »Danke für …« in direkten Worten ausdrücken, aber auch in kleinen Gefälligkeiten, Gesten oder Aufmerksamkeiten. Lassen Sie sich überraschen, wie sich Verstimmungen und Ärger nach und nach aus Ihren Beziehungen verflüchtigen, je mehr Sie sich diese Haltung zu Eigen machen.

Kleine Ursache – große Wirkung: Für mehr Beziehungsgestaltung

- **Erwartungen und Enttäuschungen:** Jeder Mensch hat sein »Königreich« und seine Grenzen. Nehmen Sie Ihre wahr und gestehen Sie das Gleiche auch anderen zu, ohne es persönlich zu nehmen.
- **Gleichwürdige Dialoge führen:** Bereiten Sie den Boden für offene und weiterführende Kommunikation und Kooperation, indem Sie erst einmal »nur« zuhören und sich bemühen, Ihr Gegenüber zu verstehen.
- **Interesse zeigen statt urteilen:** Verzichten Sie Kollegen, Eltern, Schülern gegenüber auf das Interpretieren und Beurteilen ihrer Handlungen und auf ungebetene Ratschläge und Kritik.
- **Ermutigen und bestärken lassen:** Schaffen Sie sich positiv wirkende Netzwerke. Pflegen Sie Beziehungen zu Menschen, von denen Sie sich bestärkt und unterstützt fühlen. Werden Sie für andere zum Mutmacher.
- **»Schulfreie« Kontakte:** Schlüpfen Sie aus Ihrer Lehrerrolle, indem Sie Beziehungen zu Menschen pflegen, die nichts mit Ihrem Beruf zu tun haben. Sie geben Ihnen die Chance, sich zurückzulehnen und einfach Mensch zu sein.
- **Quellen für Dankbarkeit aufspüren:** Machen Sie sich immer wieder bewusst, wem Sie wofür dankbar sein können, und bringen Sie es auch zum Ausdruck. Die Kraft der Dankbarkeit wirkt segensreich auf alle Beziehungen.

Die Zukunftsgestaltung intensivieren

→ *In welchen Zeiträumen schauen Sie in die Zukunft?*
→ *Was tun Sie heute alles, was einen Einfluss auf Ihre Zukunft hat?*
→ *Was tun Sie, um mutig und zuversichtlich die Zukunft auf sich zukommen lassen zu können?*
→ *Wie stellen Sie sich auf Veränderungen ein?*
→ *Wie stellen Sie sich die Schule der Zukunft vor? Wie Ihr privates Leben?*

Immer wenn Sie sich Ziele setzen, gestalten Sie Ihre Zukunft. Haben Sie persönliche Ziele? Worauf soll Ihr Leben hinauslaufen? Wissen Sie, was Sie wirklich zufriedenstellt? Arbeiten Sie darauf hin? Setzen Sie sich eigene mittel- und langfristige Ziele, statt sich nur von Ferien zu Ferien, von Schuljahr zu Schuljahr irgendwie durchzuschlagen? Ein persönliches Jahresziel zu verfolgen gibt Ihnen Orientierung in schwierigen und aufreibenden Zeiten. Es schließlich zu erreichen lässt Sie die Ernte Ihres Tuns einfahren und genießen. Denken Sie dabei nicht nur an »Leistungsziele«, sondern beispielsweise auch an Möglichkeiten, Ihr Leben einfacher, schöner, erfüllter zu machen oder wie Sie etwas lassen können, das Sie belastet. Bei umfangreichen oder komplexen Zielvorhaben ist eine bewährte Methode zeitlich rückwärts zu planen: Schreiben Sie an den unteren Rand eines großen Blattes Ihr Ziel und in einen zweiten Kasten den Wert, der dahinter steht (Wozu ist das wichtig? Wofür wollen Sie das erreichen?). Legen Sie Ihr Zieldatum fest. Notieren Sie dann auf kleinen Haftzetteln rückwärts bis zur Gegenwart, welche einzelnen Schritte dafür zu tun sind. »Kann ich diesen Schritt morgen erledigen?« Wenn nicht: »Was muss ich vorher tun?« Bringen Sie die Einzelaktivitäten in eine chronologische Reihenfolge und geben Sie jedem Zettel einen Termin. So gewinnen Sie einen Überblick über die zeitliche Struktur und können prüfen, ob die Terminierung realistisch ist. Gleichzeitig sehen Sie jederzeit genau, welcher Schritt gerade dran ist, um Ihr Gesamtziel zu erreichen. Hängen Sie diese »Projektübersicht« an einer gut sichtbaren Stelle auf und übertragen Sie die einzelnen Termine in Ihren Zeitplaner. Immer wenn Weichen neu gestellt werden sollen, ist es motivierend, wenn sofort wenigstens eine Kleinigkeit anders gemacht, gedacht oder gefühlt wird. Damit ist schon ein erster kleiner Schritt in die erwünschte Richtung getan. Sobald Sie beginnen, kleinste Schritte für Ihre persönlichen Ziele in Ihr jetziges Leben einzupassen, kommen Sie in Bewegung, und die Zeit für weitere Schritte findet sich von ganz allein. Veränderungswünsche für die Zukunft werden in der Regel nicht durch einmalige »Gewaltaktionen« realisiert, sondern indem Sie nach und nach neue Gewohnheiten etablieren. Eine gute Kombination von langfristig attraktiver Zielsetzung und kurzfristig spürbaren Erfolgserlebnissen lässt sie auf Kurs bleiben, wenn alte Gewohnheiten sich einschleichen oder andere Hindernisse sich in den Weg stellen.

Die Zukunft liegt noch vor uns, deshalb können wir im Einzelnen nicht wissen, wie sie aussehen wird. Wir erzeugen innere Bilder und subjektive Vorstellungen von dem, was uns erwartet. Je nachdem, ob diese unangenehm und abschreckend sind oder angenehm und attraktiv, lösen wir selbst Zukunftsängste oder Zukunftsfreude aus. Und das wiederum hat einen entscheidenden Einfluss darauf, was wir wahrnehmen, wie wir diese Wahrnehmung deuten und wie wir darauf reagieren. Unsere eigene Vorstellungskraft gespeist aus den Erfahrungen der Vergangenheit und unserem Tun in der Gegenwart beeinflusst also maßgeblich unsere Zukunftsgestaltung. Spazieren Sie einmal in Gedanken durch Ihre »Schatztruhe der Gegenwart«. Schreiben Sie eine Liste der wichtigsten Güter, die Ihnen in Ihrer momentanen Lebenssituation zur Verfügung stehen. Das können materielle Besitztümer sein, geistiges Gut, ideelle Werte, Talente, Fähigkeiten oder Beziehungen. Wenn Sie ehrlich sind, ist allein schon der Reichtum dieser Liste ein Grund, dankbar zu sein und zuversichtlich in die Zukunft zu schauen. Im zweiten Schritt notieren Sie hinter den einzelnen Angaben, was Sie selbst in der Vergangenheit dazu getan haben, dass es so gekommen ist. Mag sein, dass Sie in einigen Fällen denken: »Das hat sich einfach so ergeben« oder: »Das ist nicht mein Verdienst.« Es geht gar nicht darum, ob Sie es verdient oder gezielt darauf hingearbeitet haben oder was Sie alles investiert haben. Es geht darum, dass es in der Regel ohne Ihr Zutun nicht möglich gewesen wäre. Wenn jemand Sie gefördert hat, haben Sie diese Gelegenheit angenommen und etwas daraus gemacht. Und wahrscheinlich haben zuvor Sie einiges gelernt und gezeigt, das denjenigen wiederum auf die Idee brachte, Sie zu fördern und weiterzubringen. Auch wenn die Initiative für eine Beziehung von dem anderen ausging, so haben Sie zumindest auf diesen Menschen reagiert und ihm (beziehungsweise Ihnen beiden) eine Chance gegeben, sonst hätte keine Freundschaft oder Liebesbeziehung daraus entstehen können. Selbst wenn Ihnen ein materielles Geschenk gemacht wurde, so haben Sie ja zuvor irgendetwas getan, was den Schenkenden dazu veranlasste. Wenn also Ihr gegenwärtiges Leben davon geprägt ist, was Sie in der Vergangenheit gedacht und getan haben, liegt die Vermutung nahe, dass Ihre Zukunft von dem geprägt sein wird, was Sie in der Gegenwart denken und tun.

Dass uns die Zukunft nicht nur zufällig ereilt, sondern dass wir an ihrer Gestaltung aktiv beteiligt sind, ist auch in diesem bekannten Text ausgedrückt:

»Achte auf deine Gedanken, denn sie werden zu Worten.
Achte auf deine Worte, denn sie werden zu Handlungen.
Achte auf deine Handlungen, denn sie werden zu Gewohn-
    heiten.
Achte auf deine Gewohnheiten, denn sie werden dein
    Charakter.
Achte auf deinen Charakter, denn er wird dein Schicksal.«[30]

Wenn Sie also, soweit es in Ihrer Hand liegt, Ihre Zukunft bewusst gestalten wollen, dann achten Sie darauf, ob das, was Sie heute denken und tun, auch zukunftstauglich ist, ob es dem dient, was Sie in Zukunft sein wollen, und ob Sie es mit großer Wahrscheinlichkeit brauchen werden. Die Aufgaben der Zukunft lassen sich in aller Regel nicht mit den Mitteln und Methoden der Vergangenheit lösen. Ein Merkmal unserer Zeit und Gesellschaft ist die Vielzahl und das Tempo der Veränderungen, denen wir ausgesetzt sind. Während wir noch damit beschäftigt sind, eine Reform umzusetzen, folgt schon die nächste. Kaum haben wir ein Computerprogramm in den Grundzügen erfasst, folgt schon das Update. Wir haben die Funktionen eines technischen Geräts noch lange nicht durchschaut, da ist es schon veraltet. Wir sprechen und hören oft von gestiegenen und ständig steigenden Anforderungen. Vielleicht sind es einfach *andere* Anforderungen, mit denen wir in die Zukunft gehen und für die wir andere Bewältigungsstrategien brauchen als die bisher bewährten. Das galt schon immer für die nachfolgenden Generationen. Sie haben andere Kommunikationsformen, nutzen andere Medien und verkörpern andere Werte und Haltungen. Ohne das gäbe es wenig Weiterentwicklung. Denn die ältere Generation tendierte schon immer dazu: »das Ihre « festzuhalten, und hielt das Neue für beunruhigend und bedrohlich. Es geht gar nicht darum, alle neuen Errungenschaften gutzuheißen, sondern sie nicht in Bausch und Bogen zu verwerfen. Sie sind einfach da, und die Zukunft beginnt jetzt. Wer seine pädagogische Aufgabe ernst nimmt, kann eigentlich gar nicht anders, als in dieser Hinsicht zukunftsorientiert zu denken und zu sein. Und warum sollte das, was Sie dabei mit Blick auf Ihre Schüler herausfinden, nicht auch für Sie selbst gelten? Schauen Sie sich bei jüngeren Menschen um, welche aussichtsreichen Einstellungen und Fähigkeiten sie mitbringen und einsetzen, die für Sie eher fremd und ungewohnt sind. Welche wären geeignet, Ihr eigenes Handlungsspektrum in Richtung Zukunftsorientierung zu erweitern?

Menschen, die ständig sorgenvoll in die Zukunft schauen, tun dies manchmal vor dem Hintergrund einer bequemen Vergangenheit und einer angenehmen Gegenwart. Je besser es ihnen ergangen ist oder noch ergeht, desto stärker sind sie davon überzeugt, dass es in Zukunft nur schlechter werden kann. Je mehr sie fürchten, nichts Gleichwertiges oder Besseres zu bekommen, desto fester klammern sie sich an das, was früher war. Sie blockieren sich selbst, indem sie ihre Aufmerksamkeit einseitig nur noch auf mögliche Verluste und Verschlechterungen richten und jede Veränderung abwehren. Widerstehen Sie der Versuchung, die guten alten Zeiten zu verklären oder sich in die Vergangenheit zu flüchten. Es lässt sich auf Dauer nichts festhalten im Leben.

Doch wir lassen uns nicht nur von guten Bedingungen davon abhalten, unsere Zukunft zu gestalten. Auch schwere Zeiten und Verlusterfahrungen können unsere Energien binden. Wenn Sie mit dem Ist-Zustand unzufrieden sind oder sogar darunter leiden, geben Sie Ihren eigenen Einfluss auf die Zukunft nicht auf. Von der Talsohle einer Krise lässt es sich durchaus hoffnungsfroh in die Zukunft blicken, denn von dort kann es ja nur bergauf gehen.

Zukunftsorientierung bedeutet, nach vorne zu blicken und erste Schritte zu gehen, ohne dass die Wege geebnet sind oder die Ergebnisse schon feststehen. Ungeplante, ungewollte oder unerfreuliche Ereignisse können uns so beuteln, dass sie uns den Blick dafür verstellen, dass auch in ihnen neue Chancen für die Zukunft stecken können.

Den Blick für die Zukunft öffnen

Wenn gegenwärtige Gegebenheiten Ihnen Schwierigkeiten bereiten und Ihre Energie im Widerstand binden, fragen Sie sich:

- Wozu könnte das in Zukunft gut oder brauchbar sein?
- Was für ein besonderes Potenzial könnte gerade darin stecken?
- Was könnte ich daraus lernen und machen?

Lassen Sie Ihrer Kreativität freien Lauf, die Möglichkeiten können ruhig ein bisschen ungewöhnlich oder verrückt sein. Es kommt erst einmal drauf an, dass Sie andere Perspektiven gewinnen und wieder loslassen können. Denn es hat keinen Sinn, die aktuelle Lage immer mit dem zu vergleichen, was besser war. Jede Situation hat ihre eigenen Vor- und Nachteile.

Menschen, die sich mit Veränderungen nicht so schwertun, vergleichen nicht ständig, sondern nehmen die neuen Gegebenheiten, wie sie eben sind, und machen das Beste daraus. Indem Sie das Hier und Jetzt im Bewusstsein des zukünftigen Wandels genießen, opfern Sie Ihre Gegenwart nicht der Zukunft, sondern erleben sie intensiver und stellen sich gleichzeitig innerlich auf das Kommende ein. Zukunftsorientierung beinhaltet immer auch die Gestaltung von Abschied. Und sie hält uns in Bewegung, denn alles andere ist schon dagewesen, bekannt, erlebt und droht, ohne Zukunftsorientierung zu erstarren.

Kleine Ursache – große Wirkung:
Für mehr Zukunftsgestaltung

- **Aus dem Hier und Jetzt in die Zukunft:** Setzen Sie sich langfristige persönliche Ziele, damit Sie nicht in den Wogen des privaten und beruflichen Alltags im Hamsterrad drehen und Ihre Zukunft aus den Augen verlieren.
- **Selber Weichen stellen:** Egal, wie schön oder schmerzlich Ihre Erinnerungen sind: Die Vergangenheit ist definitiv vorbei. Ihre Zukunft wird von dem beeinflusst und geprägt, was Sie heute tun und lassen.
- **Die Macht der Gedanken nutzen:** Achten Sie darauf und steuern Sie, was in Ihrem Kopf vorgeht. Ihre Gedanken sind nicht nur im Jetzt wirksam, sie beeinflussen auch Ihre Zukunft.
- **»Abschiedlich leben«:** Nichts lässt sich festhalten, der Wandel lässt sich nicht aufhalten, nur gestalten. Lassen Sie sich diese Chance nicht entgehen.
- **Den richtigen Mix finden:** Sortieren Sie Ihren »Werkzeugkasten« an Bewältigungsstrategien danach, welche auch zukunftstauglich sind. Räumen Sie aus dem Weg, was nicht mehr gut in Schuss ist oder nicht mehr benutzt wird. Füllen Sie den Platz auf mit neuem »Werkzeug«, das jetzt und in Zukunft geeigneter ist.

Resilienz weitergeben

Es geht in diesem Buch um Ihre Selbststärkung. Doch die meisten Vollblutpädagogen haben auch dabei im Blick, wie sie das Resilienzkonzept im Hinblick auf ihre Schüler einsetzen können. Resilienz ist kein eindeutiges Konzept von Ursache und Wirkung nach dem Muster: »Wenn das und das gegeben ist, dann wird mit Sicherheit das und das eintreten.« Es ist vielmehr ein mehrdimensionales Wahrscheinlichkeitskonzept. Dabei wirken nicht nur die unterschiedlichen inneren Kräfte und Fähigkeiten der beteiligten Personen. Es spielt auch eine Rolle, auf welche Weise äußere Strukturen und Maßnahmen auf diese inneren Kräfte einwirken. Für Lehrende ist daher die Frage: »Wie werden meine Schüler resilient, damit sie lernen, was sie sollen, und zwar so, wie wir es uns vorstellen?« nicht zielführend. Was Sie weiterbringt, sind vielmehr Fragen wie: »Welche unserer Aktionen dämpfen den Optimismus unserer Schüler? Welche Zumutungen übersteigen ihre Bereitschaft zur Akzeptanz? Wodurch blockieren wir ihre Kreativität? Welche Maßnahmen unterstützen ein hohes Verantwortungsbewusstsein?« Häufig erreichen Sie schon eine ganze Menge, indem Sie alles unterlassen, was die Resilienz Ihrer Schüler behindert oder bremst. Gleiches gilt natürlich auch für Mitstreiter auf allen Gebieten, für Kollegen oder Eltern. Die Frage vieler Eltern: »Wie mache ich mein Kind resilient?« entspringt der Vorstellung, dass sie diese inneren Kräfte bei ihrem Kind erzeugen können. Im Bereich Ihrer Möglichkeiten als Eltern, Lehrer, Erzieher oder Ausbilder liegt es aber lediglich, die inneren Kräfte des Kindes oder des Jugendlichen anzusprechen und zu stärken. Dafür eignen sich eher die Fragen: »Wie greife ich in die Selbstregulierung meiner Schüler ein oder behindere sie sogar? Was kann ich hingegen tun, damit die Schüler ihre Fähigkeiten zur Selbstregulierung entdecken und entwickeln?« Wenn man Schüler, die sich langweilen oder keine Lust haben, ständig zu motivieren versucht, werden sie dadurch keineswegs gestärkt. Viel eher werden sie abhängig vom Eingreifen des Erwachsenen. Wenn Sie Ihren pädagogischen Auftrag ernst nehmen und ihre Schüler nicht einfach sich selbst überlassen oder sie maßregeln und bestrafen, könnten Sie mit ihnen zusammen besprechen, wie sich ihre mangelnde Motivation überwinden ließe. Sie können auch mit ihnen überlegen, wie sie mit Unlust zurechtkommen, ohne sie gleich beseitigen zu müssen und ohne andere »anzustecken«. Daneben können Sie beobachten und überlegen, wie Sie selbst es aushalten, dass ihre Schüler eben auch mal keine Lust haben. Was leiten Sie für sich daraus ab? Und wie gehen Sie selbst mit Lustlosigkeit und Widerwilligkeit um?

Wenn Sie andere stärken wollen, setzt das voraus, dass Sie diese erwünschten Haltungen und Handlungsweisen auch selbst pflegen und zum Ausdruck bringen. Wer seine Schüler respektlos behandelt, wird es schwer haben, wenn er Akzeptanz von ihnen erwartet. Wer ihnen wenig Eigeninitiative zutraut und zugesteht, braucht sich über ihren fehlenden Optimismus nicht zu wundern. Und wer ständig die unausgegorenen Vorgaben und unmöglichen Aufgabenstellungen beklagt, kann kaum erwarten, dass seine Schüler selbstverantwortlich und proaktiv auch schwierige Situationen angehen. Das Naheliegendste, was Sie für die Weitergabe von Resilienz tun können, ist zu entdecken, wo beim anderen die Keime dafür liegen und diese zu entwickeln und aufzubauen, statt auf das Fehlende zu schauen. Wenn Sie selbst Optimismus, Akzeptanz und Lösungsorientierung gegenüber den täglichen Widrigkeiten zeigen, werden Sie nicht nur Ihre Schüler damit anstecken. Wenn Sie die Anregungen aufnehmen, wird Ihnen schnell deutlich werden, dass Sie das kaum glaubwürdig vermitteln können, ohne selbst etwas davon zu verkörpern. Das heißt, die erste und wichtigste Maßnahme zur Stärkung von Resilienz beginnt immer bei sich selbst. Wenn Sie selber resilient sind, wird der Funke überspringen. Es verändert Ihr Selbstbild, Ihre Haltung anderen gegenüber und die Art Ihres Tuns in der Welt. Wenn Sie sich immer wieder stärken können und sich das auch zugestehen, werden Sie auch andere stärken, ohne dass Sie extra etwas dafür tun müssten, allein durch Ihre Präsenz, durch die Art, wie Sie da sind und wie Sie sich verhalten.

Den Optimismus der Schüler fördern

Es gibt eine sehr wirkungsvolle Maßnahme, die außer aufmerksamem Interesse und etwas Selbstkontrolle kaum Aufwand erfordert: Fördern Sie den Optimismus Ihrer Schüler, indem Sie alles unterlassen, was ihn dämpfen könnte. Es ist so leicht, andere durch unbedachte Kommentare, vielsagende Gesten oder Mienenspiele zu entmutigen, dass es viel häufiger passiert als beabsichtigt. Und oft bremsen wir andere, weil wir glauben, sie vor zu großen Erwartungen und unrealistischen Hoffnungen schützen zu müssen. Doch etwas Selbstüberschätzung und naiven Wagemut brauchen wir alle, um attraktive Visionen für unsere Zukunft zu entwerfen, unsere Kreativität freizusetzen und anspruchsvolle Ziele ins Auge zu fassen. In hochfliegenden Plänen steckt auf jeden Fall mehr Motivationspotenzial als in übergroßer Vorsicht und Verzagtheit. Ausschlaggebend für Optimismus sind Glaube, Hoffnung und Vertrauen. Spielen Sie Detektiv, um auch das zarteste Pflänzchen von Optimismus aufzuspüren, und halten Sie Ihre Schüler dazu an, es zu hegen und zu pflegen. Appellieren Sie an ihr Durchhaltevermögen und machen Sie ihnen bewusst, dass schwierige Phasen vorübergehen und Misserfolge überwunden werden können. Kinder, die konsequent von Erwachsenen ermutigt werden, verinnerlichen im Lauf der Zeit diesen Zuspruch und entwickeln die Fähigkeit, sich selbst zu bestärken.

Geben Sie keinen Schüler auf. Nicht nur Kinder, wir alle

lernen mehr aus dem, was andere verkörpern und uns als grundsätzliche Haltung entgegenbringen, als aus dem, worüber sie uns belehren.

Dass wir anderen den Mut nehmen, liegt oft daran, dass es uns selbst an Zuversicht fehlt. Nähren Sie also auch immer Ihren eigenen Optimismus im Hinblick auf Ihre Schüler. Rufen Sie sich Ihre Zufriedenheit in Erinnerung, wenn Schüler sich trotz ungünstiger Voraussetzungen oder entgegen den Prognosen gut entwickelt haben, oder Ihre freudige Überraschung, wenn sie Ihre Erwartungen sogar übertroffen haben. Wenn Ihre aktuellen Schüler mit einer schwierigen Situation konfrontiert sind, machen Sie ihnen mit solchen Beispielen Mut. Erzählen Sie ihnen Geschichten, die zeigen, wie jemand durch eine harte Zeit gegangen ist oder ihm trotz anfänglichem Scheitern etwas gelungen ist. Lassen Sie diese optimistischen Botschaften einfach ihre Wirkung entfalten.

Impulse

Was könnte meine Schüler heute froh machen?
Wie kann ich heute mindestens einen Schüler ermutigen?
Wie kann ich heute meine eigene Zuversicht nähren?

Nehmen Sie das »heute« in diesem und in den folgenden Impulsen bitte nicht wörtlich. Es kann ersetzt werden durch »in dieser Stunde« oder »in dieser aktuellen Situation«. Ich meine damit nicht, dass Sie jeden Tag eine zusätzliche To-do-Liste für Resilienzförderung mit sich schleppen. Das »heute« soll lediglich signalisieren, dass auch punktuelle Interventionen ihre Wirkung entfalten können. Und sie können sich nach und nach zu selbstverständlichen Reaktionen entwickeln, die mehr Leichtigkeit, Freude und Wirkkraft in Ihr Tun bringen.

Gerade junge Menschen kämpfen oft sehr um Selbstakzeptanz. Je unsicherer sie sich persönlich fühlen, desto mehr versuchen die meisten, im jeweiligen Mainstream mitzuschwimmen, damit sie das Gefühl haben, dazuzugehören. Andere bemühen sich, um jeden Preis aufzufallen, um ihr Selbstwertgefühl anzuheben. Manche Verhaltensweise und manches Auftreten wirkt dann eigensinnig bis provokant. Menschen lernen am meisten über Erfahrung. Und so erhöht es die Akzeptanzfähigkeit Ihrer Schüler, wenn sie die Erfahrung machen, dass sie selber als Mensch ohne Wenn und Aber akzeptiert werden. Das heißt nicht, dass Sie allem zustimmen, was sie sagen und tun, sondern dass Sie ihren Schülern Wertschätzung und Respekt entgegenbringen, egal, was sie sagen und tun.

Gegebenheiten zu akzeptieren, von denen man sich eingeschränkt fühlt oder die man ablehnt, fällt in der Regel nicht leicht. Sich damit abzufinden und am Ende sogar anzufreunden, dass man manche Dinge einfach nicht ändern kann, ist eine lebenslange Lernaufgabe. Sie unterstützen Ihre Schüler in diesem Prozess, indem Sie Verständnis zeigen für ihr Aufbegehren, ihren Zorn oder ihre Niedergeschlagenheit. Vermitteln Sie ihnen, dass die meisten Menschen sich provoziert, brüskiert oder getroffen fühlen, wenn sie etwas einfach nicht einsehen können und nicht die Macht haben, es zu ändern. Erklären Sie ihnen, dass es normal ist, dass dann die emotionalen Wogen hochgehen, und dass man lernen kann, annehmbar damit umzugehen. Versuchen Sie nie, ihnen ihre Gefühle auszureden oder abzusprechen. Bleiben Sie ruhig und gelassen bei dem, was Sie für richtig halten, aber widerstehen Sie der Versuchung, Gefühlsausbrüche zu verurteilen, zu sanktionieren oder zu behaupten, dass es keinen Grund dafür gibt.

Vielleicht geben Sie bei passender Gelegenheit zu, dass Akzeptanz auch Ihnen manchmal schwerfällt. Erklären Sie an kleinen Beispielen, wie Sie es dann doch geschafft haben und was nach Ihrer Erfahrung bewährte Methoden sind. Wenn Sie das Verhalten eines Schülers, das Ihnen Schwierigkeiten bereitet, nicht als Affront betrachten, sondern als noch nicht optimalen Lösungsversuch, fällt es Ihnen sicher leichter, seiner Person Verständnis und Akzeptanz entgegenzubringen. Gleichzeitig eröffnen sich Ihnen aus dieser Perspektive ganz andere Möglichkeiten, darauf zu reagieren. Akzeptanz zu lernen erfordert Geduld – nicht gerade eine Kernkompetenz junger Menschen. Seien Sie nachsichtig mit jugendlicher Ungeduld. Und bringen Sie immer mal wieder Geduld auf mit sich selbst, mit Schülern, Eltern und Kollegen. Dass die Früchte für dieses Bemühen meist erst viel später geerntet werden, ist eine pädagogische Grunderfahrung.

Welche Gegebenheit/Entscheidung fordert heute die Akzeptanzfähigkeit meiner Schüler?
Was kann ich tun, um ihnen das zu erleichtern?
Welcher Gedanke lässt mich heute versöhnlich sein?

Impulse

Die Lösungsorientierung der Schüler fördern

Problemlösungsfähigkeiten gehören zu den in den Curricula aller Schulformen festgeschriebenen Kernkompetenzen. Der Resilienz Ihrer Schüler dient es, wenn sie diese Fähigkeiten nicht nur hinsichtlich der schulischen Aufgabenstellungen entwickeln, sondern auch in Bezug auf ihre Persönlichkeit und ihre gesamte Lebenswirklichkeit. Unterteilen und relativieren Sie komplexe Problemstellungen. Erklären Sie ihnen, dass es manchmal leichter ist, vorläufige oder teilweise Lösungen anzugehen, dass man aber mit jedem noch so kleinen Schritt in Bewegung kommt und sich einen neuen Ausgangspunkt schafft, von dem aus neue Alternativen in den Blick kommen, die man vorher gar nicht sehen konnte.

Verhelfen Sie Ihren Schülern zur selbstständigen Lösung ihres Problems, zum Beispiel, wenn sie sich überfordert fühlen oder Prüfungsangst haben, wenn sie mit einem oder mehreren Mitschülern im Konflikt sind oder keine Ahnung haben, wie sie mit einer Situation umgehen sollen. Regen Sie an, erst einmal eine Reihe von Alternativen für den Umgang mit dem Problem zu sammeln und sich erst dann für das zu entscheiden, was ihnen am ehesten erfolgversprechend scheint, statt sich mit dem erstbesten Einfall zufriedenzugeben. Besonders gut lässt sich das mit einer ganzen Lerngruppe oder Klasse zeigen und erfahren. Für produktive Methoden wie Brainstorming oder Ideenkorb stehen in diesem Fall viele verschiedene Gehirne zur Verfügung, die einbezogen werden können und lösungsorientiertes Vorgehen lernen. Spielen Sie es mit passenden Fallbeispielen durch, wenn Sie den Eindruck haben, dass es Themen gibt, die mehreren Schülern auf den Nägeln brennen. Vermitteln Sie Ihren Schülern in diesem Fall aber auch, dass man um Ideen zu sammeln zwar viele Leute fragen kann, dass aber jeder für sich selbst entscheiden muss (und darf!), welche Lösung er dann wählt. Das untermauern Sie dadurch, dass auch Sie die Lösungsideen nicht bewerten. Führen Sie den Betreffenden dahin, Kriterien für seine subjektive Bewertung zu finden, und vertrauen Sie darauf, dass er für sein weiteres Vorgehen selbst Verantwortung übernehmen kann. Üben Sie mit Ihren Schülern die Vielfalt des Denkens von der ersten Idee bis zur endgültigen Lösung. Lassen Sie auch ungewöhnliche und verrückte Ideen zu, die Ihre Schüler produzieren, sie haben ihre Funktion. In kreativen Prozessen entstehen immer auch »Abfallprodukte«. Manche davon können in anderen Zusammenhängen sogar zu innovativen Lösungen werden.

Pädagogen haben häufig Bedenken, dass Schüler nichts zustande bringen, wenn sie sich keine realistischen Ziele setzen. Sie glauben, dass Kinder und Jugendliche sich erst einmal Grundlagen in Form von Leistungsnachweisen und Abschlüssen schaffen sollten, bevor sie wirklichkeitsfernen

Träumereien und illusorischen Wunschvorstellungen nach-
hängen. Statt Schülern ihre Träume und Ideen wegen ver-
meintlicher Naivität ausreden zu wollen, regen Sie sie lieber
an, passende Umsetzungsschritte zu finden und zu gehen,
die sie ihrem Ziel ein Stückchen näher bringen. Stehen Sie
Ihnen ermutigend zur Seite, wenn sie auf Hindernisse sto-
ßen, und registrieren Sie wohlwollend Forstschritte. Viele
Entdeckungen, Erfindungen und Errungenschaften sind
daraus entstanden, dass es Menschen gab, die sich weder
durch Vorbehalte anderer noch durch Spott oder Drohun-
gen davon abhalten ließen, ihre Träume, verrückten Ideen
oder »Spleens« zu verfolgen. Wer weiß schon, ob sich etwas
auf längere Sicht als Illusion entpuppt, als pragmatische
Übergangslösung oder als geniale Idee, aus der sich unge-
ahnte Möglichkeiten ergeben?

Impulse

*Welche Gelegenheit bietet sich heute für meine Schüler,
ihre Lösungsfähigkeiten zu üben?*
Was kann ich heute tun, um sie dabei zu inspirieren?
Mit welchen drei Ideen gehe ich heute in meine Klasse(n)?

Die Selbstverantwortung der Schüler fördern

Machen Sie Ihren Schülern (und sich selbst) immer wieder
bewusst, dass ihr Lernen und ihr Leben in der Schule auch
von ihrem eigenen Beitrag abhängt. Stärken Sie ihre Verant-
wortlichkeit für die eigenen Lernbedingungen, indem Sie
ihnen alters- und situationsangemessen diesbezügliche Ent-
scheidungsmöglichkeiten gewähren und ihre Anregungen
und Wünsche einbeziehen. Bieten Sie keine Überversor-
gung, sondern halten Sie die Tür offen für Fragen und Erklä-
rungsbedarf. Stellen Sie eher weiterführende Fragen, als sofort Antworten oder Ratschläge zu geben. Indem Schüler
selbst Antworten erarbeiten, übernehmen sie automatisch
Verantwortung.

Stärken Sie die Selbstwirksamkeitsüberzeugung Ihrer Schüler, indem Sie ihnen Erfolgserlebnisse ermöglichen und Fortschritte würdigen. Seien Sie aufmerksam dafür, wenn Schüler sich in der Opferrolle verrennen (»Ich kann nichts machen, ich schaffe das einfach nicht!«), und zeigen Sie ihnen Auswege, bei denen sie wieder einen Teil der Verantwortung übernehmen können: »Was genau schaffst du nicht?«, »Was könntest du tun?«, »Was brauchst du dazu?«, »Wer könnte dir helfen?« Schaffen Sie zusammen mit den Schülern ein Klima, in dem es nicht peinlich ist, etwas nicht zu können oder zu wissen und nicht perfekt zu sein. Schüler, die sich trauen, etwas auszuprobieren und offen dazu stehen können, dass sie etwas vergessen oder etwas Unrechtes getan haben, entwickeln auch Ideen, wie sie Versäumnisse, Nachlässigkeiten oder Bosheiten und Unredlichkeiten selbstverantwortlich in Ordnung bringen. So unterstützen Sie eine verantwortungsbewusste Gewissensbildung.

Welche Gelegenheit bietet sich heute für meine Schüler, Selbstverantwortung zu übernehmen?
Was kann ich tun, um sie darin zu fördern?
Was lasse ich heute, weil es nicht meine Verantwortung ist?

Die Selbstregulierung der Schüler fördern

Es trainiert das Umschalten zwischen Selbstdisziplinierung und Selbstberuhigung, wenn die Inhalte wie auch die Unterrichtsmethoden mehrfach zwischen den kognitiven Funktionen der linken und rechten Hirnhälfte wechseln. Der Versuch, störende Emotionen und Befindlichkeiten einfach zu unterbinden, ist zum Scheitern verurteilt und führt überdies bei Kindern wie bei Erwachsenen zur Selbstentfremdung, weil die Selbstwahrnehmung blockiert wird. Wenn ich ein Gefühl nicht haben darf, dann verlerne ich irgendwann, es wahrzunehmen. Zügeln lässt sich die störende Äußerung der Gefühle, und dafür lassen sich auch Alternativen finden. Ermutigen Sie Ihre Schüler, ihre Gefühle wahrzunehmen, und finden Sie dann gemeinsam mit ihnen Wege, wie sie ohne Schaden oder Nachteile für sich oder andere mit diesen Gefühlen umgehen können. Bahnen Sie gegebenenfalls eine konstruktive Kanalisierung an. So lernen Schüler, ihre Impulse zu kontrollieren, statt sie zu unterdrücken, bis das Ventil platzt.

Auch sehr junge Schüler stehen schon häufig oder sogar ständig unter Stress. Egal, ob der Stress von schulischen Anforderungen und Bedingungen herrührt oder ob die Auslöser im privaten Umfeld zu suchen sind, alles, was Sie an Stressbewältigungstechniken kennen und vermitteln, dient auch dazu, die Selbstregulierungsfähigkeiten ihrer Schüler zu verbessern. Am schnellsten wirken körperliche Interventionen wie Bewegung, kinesiologische Körperübungen[31] und Atemübungen. Einiges lässt sich auch schon abfedern, wenn die Stressfaktoren aus der Umgebung wie räumliche Enge, Lärm, unangenehme Temperaturen oder schlechte Luft wenigstens zeitweise entschärft werden – soweit es in Ihrer Macht steht. Hier kommt den Möglichkeiten der Pausengestaltung eine große Bedeutung zu. Denken Sie daran, dass Ihre Schüler (und Sie als Lehrer) nicht nur ein Recht auf die gesamte Zeit der Pausen haben, sondern diese dringend als Ausgleich benötigen, um wieder fit zu werden für die Anforderungen des Unterrichts. Vermitteln Sie ihnen die Bedeutung einer erholsamen Pausengestaltung und bestärken Sie sie, wenn sie für sich etwas Wirksames gefunden haben.

Impulse

Welche Methode und Möglichkeit der Selbstregulierung könnte für meine Schüler heute einen kleinen positiven Unterschied bewirken?
Was kann ich tun, um dazu beizutragen?
Was will ich heute für meine Selbstregulierung tun?

Den Schülern die Gestaltung positiver Beziehungen vermitteln

Schüler sind Tag für Tag in die unterschiedlichsten Beziehungen eingebunden. Sie sind mit einer Gruppe von bis zu dreißig Mitschülern stundenlang in einem Raum und in die damit verbundenen gruppendynamischen Prozesse involviert, sie werden außerhalb des Unterrichts mit einer Vielzahl anderer Schüler konfrontiert, je nach Alter und Schulform mit mehreren unterschiedlichen Lehrpersonen und in der Peripherie noch mit Hausmeistern, Busfahrern und weiteren. Und damit sind nur die direkt mit der Schule zusammenhängenden Beziehungen genannt. Sich darin persönlich zurechtzufinden kostet manche schon einen großen Teil ihrer Tagesenergie. Daher ist alles hilfreich, was sie in die Lage versetzt, von diesem reichen Beziehungsangebot zu profitieren. Dazu gehören auch Maßnahmen, die ihre Konfliktfähigkeit stärken – wie Konfliktlotsenprogramme, Selbstbehauptungstrainings oder Projekte zum sozialen Lernen. Auch wenn Sie kaum Einfluss darauf haben, wie die Schüler privat miteinander umgehen, so können Sie in Ihrem Unterricht für eine positive Lernatmosphäre eintreten, in der sich alle beim Lernen unterstützen und niemand ausgegrenzt wird. Vermitteln und trainieren Sie die Grundlagen der Kommunikation wie zuhören, sich verständlich machen, sich auf andere einstellen. Sie werden viel besser bei den täglichen Gelegenheiten gelernt als in einem speziellen Kurs. Regen Sie an und fördern Sie es, dass Ihre Schüler auch außerhalb der Schule in Arbeitsgruppen lernen.

Als wichtige Bezugsperson für Ihre Schüler sind Sie selbst ein tägliches Modell für respektvollen Umgang mit anderen. Pflegen Sie gleichwürdige Beziehungen[32] zu Ihren Schülern. Das heißt, dass Sie ihnen als Erwachsener im Bewusstsein Ihrer professionellen Rolle gegenübertreten und sich selber wie auch Ihr Gegenüber als Person wahrnehmen und ernst nehmen. Es geht nicht darum, Schülern ihre

Grenzen zu zeigen, es ist Ihr Recht den Schülern *Ihre* Grenzen zu zeigen und dazu auch zu stehen. Damit lernen diese gleichzeitig Ihr Wertesystem kennen und respektieren. Wenn Erwachsene befragt werden, wer für ihre persönliche Entwicklung eine wichtige Rolle gespielt hat und wer ihnen entscheidende Impulse für ihren Werdegang gegeben hat, nennen sehr viele Lehrpersonen. Nutzen Sie die Gelegenheiten, diese Mentorrolle mit ihren über die Gegenwart hinausgehenden Wirkungsmöglichkeiten wahrzunehmen.

Impulse
Wie könnten meine Schüler heute etwas über gleichwürdige Beziehungsgestaltung lernen?
Was kann ich tun, um dazu beizutragen?
Was tue ich heute für meine Beziehungszufriedenheit?

Die Zukunftsgestaltung der Schüler fördern

Die Zukunft sitzt vor Ihnen. Ihre Schüler werden mehr Neugier, Leistungsbereitschaft und Zuversicht hinsichtlich ihrer Zukunft aufbringen, wenn sie verstehen, dass sie selbst jetzt dafür Weichen stellen. Es ist hilfreich, wenn sie möglichst viele Verbindungen erkennen zwischen dem, was sie jetzt tun, und dem, was sie in Zukunft sein und tun wollen. Das gilt nicht nur für die Unterrichtsinhalte, sondern genauso für alle Lernprozesse und die persönliche Entwicklung. Immer wenn Sie Ihren Schülern die Verbindung zwischen der Gegenwart und ihrer Zukunft bewusst machen, unterstützen Sie ihre bewusste und unbewusste Zukunftsgestaltung.

Vermeiden Sie es, die Zukunft schwarzzumalen oder negative Prognosen für Einzelne abzugeben. Ihre Aufgabe ist es nicht, die Zukunft Ihrer Schüler vorauseilend zu bewerten, sondern sie darauf vorzubereiten. Versorgen Sie sie mit Proviant und lassen Sie sie ziehen. Geben Sie ihnen Wissen darüber mit, wie man sich Ziele so setzt, dass man sie mit großer Wahrscheinlichkeit erreichen kann. Vermitteln Sie ihnen, dass man auf Rückschläge und Enttäuschungen gefasst sein muss und dass sie kein Grund sind, die Flinte ins Korn zu werfen. Erzählen Sie ihnen dazu positive Beispiele aus Ihrer eigenen Erfahrung und von anderen Schülern, die Hürden und Schwierigkeiten bewältigt und Ausdauer aufgebracht haben. Zeigen Sie ihnen an Beispielen, wie sie Blockaden überwinden und Hindernisse aus dem Weg räumen können, statt sich von ihnen ausbremsen zu lassen. Unterstützen Sie sie vorsichtig darin, sich neu zu orientieren und realistische Zwischenschritte festzulegen, damit die Erfolgserlebnisse nicht ausbleiben. Und machen Sie ihnen klar, dass es zwar wichtig ist, sich Ziele zu setzen, die einen motivieren, dass diese aber ganz oft nicht auf direktem Weg erreicht werden. Somit können Umwege, Schleifen und Zickzackbewegungen durchaus ihren Sinn und ihre Berechtigung haben.

Impulse

Was könnten meine Schüler heute Erfreuliches für ihre Zukunft lernen und tun?
Was kann ich heute dazu beitragen?
Was tue ich heute für meine Zuversicht?

Schlussgedanken

Nur für heute werde ich mich bemühen, einfach den Tag zu erleben – ohne alle Probleme meines Lebens auf einmal lösen zu wollen.[33]

Resilienz als Kunst, innere Stärke zu entwickeln, bedeutet für die meisten Menschen, ihre Reaktionsweisen, mentalen Muster und gewohnten Bewältigungsstrategien zu verändern. Es ist immer wieder eine Herausforderung, die eigenen Kräfte zu wecken und Widerstandskraft, Anpassungskraft und Veränderungskraft in eine heilsame Balance zu bringen. Gerade in den schwierigen Momenten des Lebens wachsen uns mehr Kräfte zu, als wenn alles irgendwie in den gewohnten Bahnen läuft. Wenn Sie sich das bewusst machen, dann sind die Widrigkeiten immer noch unerwünscht, aber Sie wissen, dass sie auch Chancen bergen, die Sie weiterbringen. Die eigenen Muster in Bewegung zu bringen kann ein Abenteuer sein, auf jeden Fall erfordert es Courage, Durchhaltevermögen, Wachsamkeit, Frustrationstoleranz und braucht in der Regel mehrere Anläufe. Dabei lernen wir uns selbst besser kennen und kommen uns näher. Manchmal benötigen und bekommen wir dazu auch Unterstützung von außen. Beides kann wie ein erfrischender Schluck Wasser wirken und neue Quellen der Lebensfreude erschließen. Die sieben Schlüssel der Resilienz dienen dabei als Türöffner; durch welche Sie hindurchgehen, entscheiden Sie von Fall zu Fall.

Sie müssen nicht ständig alles »richtig« machen. Wenn Sie hier und da Ihren Optimismus stärken, sich Akzeptanz erlauben und sich Ihre Selbstverantwortung vor Augen führen, ist schon viel erreicht. Es geht um kleine Schritte und es geht um das Mögliche, das meistens etwas mehr ist, als wir auf den ersten Blick glauben. Wir sind keine Supermenschen, also auch keine Superlehrer. Doch wenn Sie die

Kunst der Ermutigung und Stärkung für sich selbst und für Ihre Schüler nutzbar machen, können Sie darauf vertrauen, dass dadurch etwas Positives in die Welt kommt. Und das kann ansteckend sein. Lassen Sie sich überraschen, wie sehr. Und freuen Sie sich, wenn mal ein Ball zurückkommt – dann ist Erntezeit. Zeit für Dank und Segen.

Anmerkungen

1 Gruhl, M. (2011)
2 Quelle: forsa Gesellschaft für Sozialforschung und statistische Analysen mbH, Umfrage-Redaktionsschluss: 18. Juli 2012
3 International Archives of Occupational and Environmental Medicine 2008, zitiert nach: http://www.gehirn-und-geist.de/alias/schule/paedagogen-in-not/964877
4 Der Begriff stammt von J. Juul. Er spricht von gleichwürdigen im Unterschied zu gleichberechtigten Beziehungen.
5 Vgl. Gruhl, M. (2011)
6 Gruhl, M. (2008)
7 Rohr, R. (2012)
8 Seligman, M. (2005)
9 Germer, C. (2009)
10 Rumi, D., zitiert nach: http://revilorumi.wordpress.com
11 De Shazer, St. (2010)
12 Storch, M. & J. Kuhl (2012)
13 Juul, J. (2013)
14 Mahlmann, R. (2008), in: Freie Psychotherapie, 02/08: Verbandszeitschrift
15 Robert Emmons, Vom Glück, dankbar zu sein, zit. nach Kaspari, S. (2012)
16 Seligman, M. (2005)
17 Vgl. Day, C. (2011) und Howard, S. (2004)
18 Littger, H. (2005)
19 Vgl. Langmaak, E. in: VITAL, Mai 2000, S. 94
20 Wengenroth, M. (2008)
21 Naikan (wörtlich »Innenschau«) ist eine aus Japan stammende Meditationsform mit dem Ziel der Versöhnlichkeit.
22 NLP: Neuro-linguistisches Programmieren; Sammlung von Kommunikationstechniken und Methoden zur Selbstentwicklung und Effizienzsteigerung.
23 Das Pareto-Prinzip (benannt nach dem italienischen Volkswirt V. Pareto) besagt, dass sich viele Aufgaben mit wenig Einsatz zu 80 Prozent erledigen lassen, während man für die restlichen 20 Prozent sehr viel Aufwand betreiben muss. Es ist unter anderem ein Argument gegen übertriebenen Perfektionismus.
24 Die Kinesiologie ist eine Methode zur Lösung von Blockaden und zum Abbau von Stress. Viele Übungen daraus regen auch die Zu-

sammenarbeit der verschiedenen Gehirnfunktionen an, da sie abwechselnd die linke und rechte Körperhälfte aktivieren.

25 Zit. nach: http://www.simplifyyourwork.de/newsletter/archiv
26 Csikszentmihalyi, M. (2010)
27 Vgl. Anmerkung 4
28 Auf dem Kongress der amerikanischen Psychosomatischen Gesellschaft in Savannah im US-Bundesstaat Georgia wurden hierzu neue Studien vorgestellt. Ihr Ergebnis: Auch die Praxis zeigt, dass nicht verzeihen zu können der Gesundheit schadet. Dr. Christoph Herrmann, Internist und Psychotherapeut von der Universität Göttingen: »Gerade Herzpatienten leiden unter ständiger, latenter Wut.«
29 Jampolsky, G. (2003)
30 Zit. nach: http://www.c-mmm.de/gedichte/talmud.html (Dieser Text wird vielfach dem Talmud zugeschrieben, es gibt aber auch Hinweise auf die Urheberschaft von Charles Reade.)
31 Vgl. Anmerkung 25
32 Vgl. Anmerkung 4
33 Wird Papst Johannes XXIII. zugeschrieben.

Literatur

Baethge, A. u.a. (2012) Bitte nicht stören! Tipps zum Umgang mit Arbeitsunterbrechungen und Multitasking. Bundesanstalt für Arbeitsschutz und Arbeitsmedizin

Csikszentmihalyi, M. u.a. (2010[7]) Das *flow*-Erlebnis: Jenseits von Angst und Langeweile – im Tun aufgehen. Stuttgart: Klett-Cotta

DAK-Gesundheit & Unfallkasse NRW (Hrsg.) (2012[2]) Handbuch Lehrergesundheit – Impulse für die Entwicklung guter gesunder Schulen

Day, C. u.a. (2011) Beyond Survival. Teachers and Resilience. University of Nottingham

De Shazer, St. (2010[9]) Wege der erfolgreichen Kurzzeittherapie. Stuttgart: Klett-Cotta

Germer, C. (2009) The mindful path of self-compassion. Freeing Yourself from Destructive Thoughts and Emotions. New York: Guilford Press

Gruhl, M. (2011) Das Geheimnis starker Menschen. Mit Resilienz aus der Überforderungsfalle. Freiburg im Breisgau: Kreuz

Gruhl, M. (2012[4]) Die Strategie der Stehauf-Menschen. Krisen meistern mit Resilienz. Freiburg im Breisgau: Kreuz

Howard, S. & B. Johnson (2004) Resilient teachers: resisting stress and burnout. Social Psychology of Education, Volume 7, Issue 4: Springer

Jampolsky, G. (2003[5]) Verzeihen ist die größte Heilung. München: Integral

Juul, J. (2013) Schulinfarkt. Was wir tun können, damit es Kindern, Eltern und Lehrern besser geht. München: Kösel

Kaspari, S. (2012) Naikan – Die Kraft der Versöhnung. München: Gräfe & Unzer

Krech, G. (2007) Die Kraft der Dankbarkeit. Das Praxisbuch für innere Zufriedenheit. München: Knaur

Littger, H. (2005). Und einfach immer wieder noch mal! Wie man aus seinem Leben etwas macht. www.changex.de

Papst Johannes XXIII. (2003) Für das Glück geschaffen. Die zehn Regeln der Gelassenheit. Leipzig: St. Benno

Puppis, M. u.a. (2004) Selbstregulierung und Selbstorganisation. Unveröffentlichter Schlussbericht. Zürich: Universität Zürich

Reddemann, L. & S. Wetzel (2012[2]) Der Weg entsteht unter deinen Füßen. Freiburg im Breisgau: Kreuz

Rohr, R. (2012⁵) Pure Präsenz. Sehen lernen wie die Mystiker. München: Claudius

Seligman, M. (2005) Der Glücks-Faktor. Warum Optimisten länger leben. Bergisch Gladbach: Bastei Lübbe

Storch, M. & J. Kuhl (2012) Die Kraft aus dem Selbst. Bern: Huber

Wengenroth, M. (2008) Das Leben annehmen. So hilft die Akzeptanz- und Commitmenttherapie (ACT). Bern: Huber

Resilient Kid's Site: http://www.embracethefuture.org.au/resiliency/what_schools_can_do.htm

Keeping cool. Building Teacher's Resilience
http://www.keepingcool.edu.au/node/98

Informationen

zu Angeboten des Resilienzenzzentrums erhalten Sie unter:

WEB: www.resilienzzentrum.de
E-MAIL: info@resilienzzentrum.de

zu Seminaren und Coaching von Monika Gruhl erhalten Sie unter:

WEB: www.monikagruhl.de
E-MAIL: kontakt@monikagruhl.de
mg@resilienzzentrum.de